現場で使える
デイサービス 生活相談員 便利帖

浅岡 雅子 著
masako asaoka

SHOEISHA

本書内容に関するお問い合わせについて

このたびは翔泳社の書籍をお買い上げいただき、誠にありがとうございます。弊社では、読者の皆様からのお問い合わせに適切に対応させていただくため、以下のガイドラインへのご協力をお願い致しております。下記項目をお読みいただき、手順に従ってお問い合わせください。

●ご質問される前に

弊社Webサイトの「正誤表」をご参照ください。これまでに判明した正誤や追加情報を掲載しています。

　　　正誤表　　　　　https://www.shoeisha.co.jp/book/errata/

●ご質問方法

弊社Webサイトの「刊行物Q&A」をご利用ください。

　　　刊行物Q&A　　　https://www.shoeisha.co.jp/book/qa/

インターネットをご利用でない場合は、FAXまたは郵便にて、下記"翔泳社 愛読者サービスセンター"までお問い合わせください。電話でのご質問は、お受けしておりません。

●回答について

回答は、ご質問いただいた手段によってご返事申し上げます。ご質問の内容によっては、回答に数日ないしはそれ以上の期間を要する場合があります。

●ご質問に際してのご注意

本書の対象を越えるもの、記述個所を特定されないもの、また読者固有の環境に起因するご質問等にはお答えできませんので、あらかじめご了承ください。

●郵便物送付先およびFAX番号

　　　送付先住所　　〒160-0006　東京都新宿区舟町5
　　　FAX番号　　　03-5362-3818
　　　宛先　　　　　（株）翔泳社 愛読者サービスセンター

●免責事項

※本書の記載内容は、2015年6月現在の法令等に基づいています。
※本書の出版にあたっては正確な記述に努めましたが、著書および出版社のいずれも、本書の内容に対してなんらかの保証をするものではありません。
※本書に記載されたURL等は予告なく変更される場合があります。

※本書に記載されている会社名、製品名はそれぞれ各社の商標および登録商標です。
※本書では™、®、©は割愛させていただいております。

はじめに

　3年間デイサービスの生活相談員をしていたという人から、日々の仕事にやり甲斐を感じられず転職した、という話を聞いたことがあります。それまでにも、デイサービスの生活相談員には仕事に不安や疑問を感じている人が多い、という話をときどき耳にしていました。また、生活相談員は所属するデイサービスによってその働き方や仕事内容がかなり異なっているとも感じていました。

　生活相談員の中心的な業務は相談・援助業務だとされていますが、厚生労働省が生活相談員の実態調査を行なったところ、事業所内で生活相談員が実際に行なっている相談・援助業務はごくわずかで、多くの生活相談員は介護スタッフとほとんど区別なく働いていることがわかりました。

　そうした実状に対し、厚生労働省は2014年、有益な人材である生活相談員にもっと生活相談員らしい仕事をしてもらおうと考え、そのための具体策を打ち出しました。その具体策は、本書のなかで詳しく紹介しています。今後、生活相談員の働き方は以前よりフレキシブルになるはずです。そういう意味では、生活相談員にとって今年は大きな転換期となるでしょう。

　何をどうすればよいのかに迷い試行錯誤している「生活相談員」のみなさんに、生活相談員の役割と仕事の本質を明確に示したいと考えて、この本を書きました。その結果として、私が以前から感じていたいろいろな疑問にも、ある程度の答が出せたと感じています。

　この本を多くの生活相談員のみなさんに読んでいただき、自分の仕事の芯を作っていただけたら幸いです。

2015年6月

浅岡雅子

本書の使い方

「生活相談員 観察ノート」のダウンロード方法

095ページで紹介している「観察ノート」は、下記の流れでダウンロードできます。

『現場で使える デイサービス生活相談員便利帳』
https://www.shoeisha.co.jp/book/download/9784798141077

❶ダウンロードページに移動後、「観察ノート」というリンクをクリックして下さい。

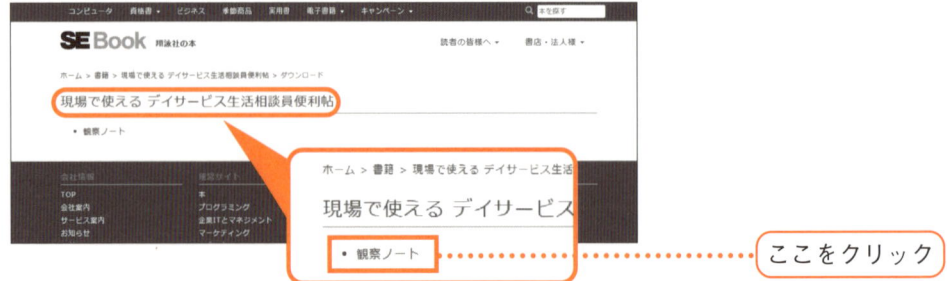

❷Windows7以降…［ダウンロード］フォルダにファイルがダウンロードされます。
　Windows7より前…「ファイルのダウンロード」というダイアログが表示されるので、［保存］ボタンをクリックすると、［名前を付けて保存］ダイアログが表示されます。お好きな場所に保存してください。

❸Windows7以降…❷でダウンロードした「kansatyu.zip」という圧縮ファイルを右クリックしてコンテキストメニューの［すべて展開］をクリックし、表示されるダイアログの［展開］ボタンをクリックします。
　Windows7より前…ダウンロードしたファイルをダブルクリックします。

❹ファイルが解凍され、シートをご利用いただけます。

ファイルにはWord形式のシートとPDF形式のシートがあります。Word形式は入力用、もしくはカスタマイズ用として、PDF形式は手書きでの書き込み用など、必要に応じて出力し、ご利用ください。

本書の構成

　本書は、生活相談員の位置づけと役割（Part 1）、業務に不可欠な実践的な内容（Part 2と3）、利用者へのサービスを向上させる方策（Part 4）、認知症ケアの基礎知識（Part 5）、介護&医療・看護に関する専門用語集（専門用語）、生活相談員業務に役立つ情報（巻末資料）で構成されています。
　多岐にわたる業務をわかりやすく解説しました。新人からベテランの方まで日々の業務にお役立てください。

Part 1～5

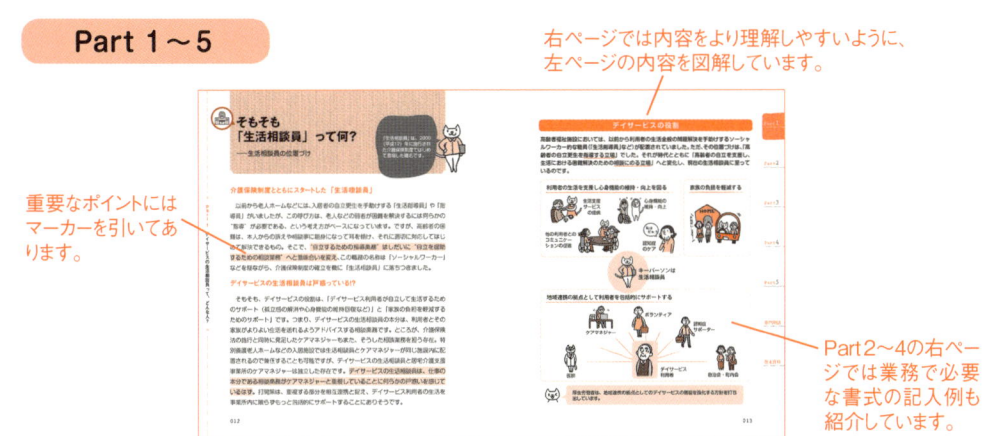

右ページでは内容をより理解しやすいように、左ページの内容を図解しています。

重要なポイントにはマーカーを引いてあります。

Part2～4の右ページでは業務で必要な書式の記入例も紹介しています。

専門用語

介護・医療・看護に関する専門用語をまとめてあります。

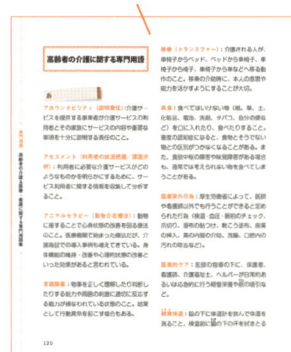

巻末資料

業務の中でも参照・活用できるように、介護、医療、法律などに関する基礎知識を収載しています。

はじめに ……………………………………………………………………… 003
本書の使い方 ……………………………………………………………… 004

Part 1
デイサービスの生活相談員って、どんな人？
—— デイサービスにおける生活相談員の位置づけと役割 ——

そもそも「生活相談員」って何？ ……………………………………… 012
　──生活相談員の位置づけ

デイサービスの生活相談員の主な役割は？ …………………………… 014
　──介護サービス改善サイクルのキーパーソン

生活相談員になるための資格・要件とは？ …………………………… 016
　──生活相談員になるルートはいろいろある

デイサービスにおける生活相談員の業務とは？ ……………………… 018
　──基本業務と基本業務以外の仕事

厚生労働省老健局振興課に聞いてみました …………………………… 020
　──デイサービスの生活相談員とは何をする人でしょうか？

コラム 職場で孤立しやすい「3科目・新人生活相談員」 …………… 022

Part 2
デイサービス生活相談員の基本業務って何？
—— 生活相談員の立場で行う主要な仕事 ——

サービス提供のトータル管理と相談対応の仕事【ステップ1】
受入れ可否の問合せに対応する ………………………………………… 024
　──生活相談員はケアマネジャーの問合せに適切かつ迅速に対応することが大切

サービス提供のトータル管理と相談対応の仕事【ステップ2】
利用希望者の見学に対応する …………………………………………… 026
　──見学時はパンフレットでは伝えきれない特長をアピールするチャンス

サービス提供のトータル管理と相談対応の仕事【ステップ3】
サービス担当者会議に出席する ………………………………………… 028
　──この会議は介護サービスの利用方針・提供方針を決めるためのもの

サービス提供のトータル管理と相談対応の仕事【ステップ4】
契約を締結する …………………………………………………………… 030
　──契約書に署名捺印してもらう前に契約内容をていねいに説明することが必要

サービス提供のトータル管理と相談対応の仕事【ステップ5】
アセスメントを実施する ……………………………………………………… 032
──デイサービス利用者が現在、何に困り、何を望んでいるのかを知るための手段

サービス提供のトータル管理と相談対応の仕事【ステップ6】
「通所介護計画書」を立案・作成する ………………………………………… 034
──よりよい介護に向けてできるだけ具体的に記述することがポイント！

サービス提供のトータル管理と相談対応の仕事【ステップ7】
モニタリングを実施する ………………………………………………………… 036
──「通所介護計画書」と実際の介護との間にズレがないかチェックする作業

サービス提供のトータル管理と相談対応の仕事【ステップ8】
「通所介護計画書」を適時に変更する ………………………………………… 038
──「通所介護計画書」と現場の介護との間にズレが生じたら見直しが必要

サービス提供のトータル管理と相談対応の仕事【ステップ9】
利用者や家族の相談にのる ……………………………………………………… 040
──面談して相談・援助を行うことが生活相談員の中核業務

サービス提供のトータル管理と相談対応の仕事【ステップ10】
利用契約終了に関する手続きを行う …………………………………………… 042
──利用者がデイサービスの利用を終わらせたいと通知してきたら行う手続き

地域連携にかかわる仕事【その1】
地域ケア会議に出席する ………………………………………………………… 044
──デイサービスに来ていない日も地域の人たちと利用者を支援

地域連携にかかわる仕事【その2】
実習生やボランティアを受け入れる …………………………………………… 046
──実習生・ボランティアの受入れでデイサービスを活性化

地域連携にかかわる仕事【その3】
地域連携・広報活動を行う ……………………………………………………… 048
──理想は地域とデイサービスの自発的な連携

コラム デイサービスに行きたがらない利用者を、どうやってその気にさせる!? …… 050

Part 3 基本業務以外にどんな仕事があるの？
── 基本業務以外で生活相談員が担当する可能性のある業務 ──

サービス提供にかかわる仕事①
利用者の送り迎えと送迎管理を行う …………………………………………… 052

サービス提供にかかわる仕事②
ケア業務（入浴・食事・排泄・レクリエーションなど）を行う ………… 054

007

サービス提供にかかわる仕事③
給付管理（介護給付費の請求などに関係する業務）を行う　……056

サービス提供にかかわる仕事④
行事の企画・運営を行う　……058

サービス提供にかかわる仕事⑤
苦情（利用者・家族、取引業者、近隣住民などから寄せられる苦情）への対応を行う　……060

サービス提供にかかわる仕事⑥
事故対応を行う　……062

施設管理者を兼務する場合の仕事①
事業計画を作成し、事業報告を行う　……064

施設管理者を兼務する場合の仕事②
財務管理（予算・決算・収支管理など）を行う　……066

施設管理者を兼務する場合の仕事③
人事管理（採用、研修、勤怠管理など）を行う　……068

施設管理者を兼務する場合の仕事④
防災対策を講じる　……070

コラム　地域における高齢者支援とプライバシー保護　……072

Part 4　生活相談員の仕事をレベルアップさせるにはどうしたらいいの？
―― 利用者へのサービスを向上させる11の方策 ――

① アセスメントをより効果的なものにする　……074
　――「潜在的課題」がキーワード

② 最適な「通所介護計画書」を作り上げる　……076
　――ケアマネジャーのケアプランを現場に即した具体的な計画へと進化させる方法

③「フェイスシート」を随時更新して活用する　……078
　――「フェイスシート」は介護のカルテ

④「モニタリング表」を改良する　……080
　――評価の精度向上と満足度の向上・バランス化がキーワード

⑤ ケア業務を積極的に担当する　……082
　――生活相談員が利用者とじかに接することの大切さ

⑥ 日々の「ケース記録」を継続的に読む　……084
　――「ケース記録」は生活相談員にとって貴重な情報源

⑦ 現場スタッフの意見に積極的に耳を傾ける ･････････････････ 086
　──貴重なアイディアや提案を活用しないのは損
⑧ 家族からの相談を支援と情報収集のチャンスと捉える ････････ 088
　──家族からの相談を双方にとって有益な場に
⑨ ケアマネジャーとの連携を深める ･････････････････････････ 090
　──ケアマネジャーは利用者の代理人的な存在
⑩ 利用者の家を訪れて会話するなかで様子を観察する ･･････････ 092
　──アットホームな雰囲気のなかで見えてくるもの
⑪「観察ノート」を作成して活用する ･････････････････････････ 094
　──生活相談員の仕事内容と利用者について感じたこと・気づいたことを記録したノートは宝の山
コラム 認知症サポーター急増中！ ･･････････････････････････････ 096

Part5 認知症ベストケアを実現するための10のポイント
── デイサービスの生活相談員に必要な認知症の基礎知識 ──

ポイント❶ 認知症が病気であることを医学的に理解する ･･････････ 098
ポイント❷ 認知症の中核症状と周辺症状を理解する ･･････････････ 100
ポイント❸ 認知症の診断・判定に関する手順・基準を理解する ････ 102
ポイント❹ 認知症高齢者のバックグラウンドを把握する ･････････ 104
ポイント❺ 高齢者になった自分を想像して利用者の気持ちに寄り添う ･･････ 106
ポイント❻ 被保護者扱いせずに人としてのプライドを尊重する ････ 108
ポイント❼ 利用者の話をよく聞き共感を示すことで信頼を得る ････ 110
ポイント❽ 言語の認知機能低下に適切に対応する ･･････････････ 112
ポイント❾「楽しい」「うれしい」といった好感情を呼び覚ます ････ 114
ポイント❿ 認知症の症状の変化を観察して病状に合ったケアをする ･･････ 116
コラム デイサービス生活相談員が
　　　　受講することが望ましい認知症介護研修 ･･････････････ 118

009

専門用語
高齢者の介護&医療・看護に関する専門用語集
―― 生活相談員の仕事に役立つ専門用語の基礎知識 ――

高齢者の介護に関する専門用語 ································· 120
高齢者の医療・看護に関する専門用語 ························· 134

巻末資料
生活相談員業務に役立つ介護関連の情報・知識

身体各部の名称 ··· 148
姿勢（体位・肢位）の呼称 ···································· 150
特定高齢者の把握を目的とした厚生労働省の基本チェックリスト ········ 152
認知症高齢者に関する政府の施策（新オレンジプラン）の要点 ········ 153
介護保険制度改正のポイント ···································· 155
生活相談員の専従要件を一部緩和するための「厚生労働省・通知」········ 157
介護サービス利用者の個人情報保護に関する法令やガイドライン ········ 158

Part 1

デイサービスの生活相談員って、どんな人？

―― デイサービスにおける生活相談員の位置づけと役割 ――

****

　Part 1 では、デイサービスに在籍する生活相談員とはどんな存在なのかを見ていきましょう。今この本を読んでいるあなたが、ある程度経験のあるデイサービスの生活相談員であれば、「今のままの仕事の仕方でいいのだろうか？」といった不安や迷いを感じたことがあるのではないでしょうか？ また、あなたが新人の生活相談員なら、「自分はいったい何をすればよいのだろう？」といった疑問や不安を感じているかもしれません。

　生活相談員に対して周囲のスタッフがもつイメージは事業所によってさまざまで、「介護スタッフの仕事をこなしながら管理・調整の仕事もする」忙しい人、「いろいろな雑用を引き受けてくれる」重宝な人、「いつも事務所で仕事をしている」けれど仕事内容がよくわからない人、などなど……。場合によっては、「いつも事務所で新聞を読んでいる」ヒマそうな人と思われているケースもあるでしょう。こんな具合では、仕事の内容がはっきり見えてこないのも無理はありません。

　では、デイサービスの生活相談員に共通する使命や役割はないのでしょうか？「そんなことはない」、それがこのPart 1 の答です。

そもそも「生活相談員」って何？
―― 生活相談員の位置づけ

「生活相談員」は、2000（平成12）年に施行された介護保険制度ではじめて登場した職名です。

介護保険制度とともにスタートした「生活相談員」

　以前から老人ホームなどには、入居者の自立更生を手助けする「生活指導員」や「指導員」がいましたが、この呼び方は、老人などの弱者が困難を解決するには何らかの"指導"が必要である、という考え方がベースになっています。ですが、高齢者の困難は、本人からの訴えや相談事に親身になって耳を傾け、それに適切に対応してはじめて解決できるもの。そこで、"自立するための指導業務"はしだいに"自立を援助するための相談業務"へと意味合いを変え、この職務の名称は「ソーシャルワーカー」などを経ながら、介護保険制度の確立を機に「生活相談員」に落ちつきました。

デイサービスの生活相談員は戸惑っている!?

　そもそも、デイサービスの役割は、「デイサービス利用者が自立して生活するためのサポート（孤立感の解消や心身機能の維持回復など）」と「家族の負担を軽減するためのサポート」です。つまり、デイサービスの生活相談員の本分は、利用者とその家族がよりよい生活を送れるようアドバイスする相談業務です。ところが、介護保険法の施行と同時に発足したケアマネジャーもまた、そうした相談業務を担う存在。特別養護老人ホームなどの入居施設では生活相談員とケアマネジャーが同じ施設内に配置されるので兼任することも可能ですが、デイサービスの生活相談員と居宅介護支援事業所のケアマネジャーは独立した存在です。デイサービスの生活相談員は、仕事の本分である相談業務がケアマネジャーと重複していることに何らかの戸惑いを感じているはず。打開策は、重複する部分を相互連携と捉え、デイサービス利用者の生活を事業所内に限らずもっと包括的にサポートすることにありそうです。

デイサービスの役割

高齢者福祉施設においては、以前から利用者の生活全般の問題解決を手助けするソーシャルワーカー的な職員（「生活指導員」など）が配置されていました。ただ、その位置づけは、「高齢者の自立更生を指導する立場」でした。それが時代とともに「高齢者の自立を支援し、生活における困難解決のための相談にのる立場」へと変化し、現在の生活相談員に至っているのです。

利用者の生活を支援し心身機能の維持・向上を図る

- 生活支援サービスの提供
- 心身機能の維持・向上
- 他の利用者とのコミュニケーションの促進
- 認知症のケア（私はだれ？）

家族の負担を軽減する

（おねがいします！　HOME）

キーパーソンは生活相談員

地域連携の拠点として利用者を包括的にサポートする

- ケアマネジャー
- ボランティア
- 認知症サポーター
- 医師
- デイサービス利用者
- 自治会・町内会

 厚生労働省は、地域連携の拠点としてのデイサービスの機能を強化する方針を打ち出しています。

013

デイサービスの生活相談員の主な役割は？
――介護サービス改善サイクルのキーパーソン

資格要件には「利用者の生活の向上を図るため適切な相談、援助等を行う能力を有すると認められる者」とあります。

介護サービスの質向上は生活相談員にかかっている

　デイサービスの生活相談員にとっての「相談業務」とは何でしょうか？　デイサービス利用者や家族からの要望や苦情の対応？　確かに、そうした日々の相談業務は生活相談員の主要な仕事ですが、その奥にもっと大切な役割があります。先に述べたように、デイサービスの相談業務の目的は、利用者や家族の困難の解決を通じて利用者や家族がよりよい生活を送れるようにすること。では、どうすれば利用者の生活がよくなるのでしょうか？　それは、「介護の質を向上させること」にほかなりません。

　これを実現するには、相談業務を「利用者や家族に直接会って相談にのること」に限定せず、「利用者の普段の様子を観察したり、介護記録から情報を得たり、サービス担当者会議で他の参加者の意見を聞いたりすることを通じて利用者や家族が抱えている困難を見つけ出し、その解決策を模索するといった継続的な取組み」と捉える必要があります。生活相談員は「介護サービス改善サイクルのキーパーソン」なのです。

よりよい介護を行うために何をしたらよいかを常に考えられる生活相談員に

　利用者にデイサービスを紹介するケアマネジャーからは、「自分のすべきことを自覚している生活相談員がいる事業所を紹介したい」という声が聞こえてきます。デイサービスの生活相談員に求められているのは、常に「その利用者にとってよりよい介護を行うためにはどうしたらよいか」という視点をもつことです。だからと言って、朝礼で「よりよい介護を行おう！」と毎日訓令すれば現場の介護が自然によくなっていくというものではありません。利用者の介護は、右図のサイクルを実施することではじめてシステマティックに向上していくもの。その責任者が生活相談員なのです。

生活相談員がサービス改善サイクルをリードする

デイサービスの相談業務とは、利用者や家族の困難の解決を通じて利用者がよりよい生活を送れるようにすること。そのためには、生活相談員が中心となってアセスメント、計画、介護、モニタリングという一連の改善サイクルを実施することで、介護サービスの質向上を図る必要があります。

アセスメント

アセスメントはケアマネジャーと生活相談員の仕事。特に生活相談員は利用者の困り事を日常のなかから見つけ出す役割を担う。

介護計画の作成

利用者の受けるサービスの質は、生活相談員の作成する「通所介護計画書」のよし悪しにかかっている。

日常的な観察

サイクルを支えるのは生活相談員の視点。普段から利用者の何気ない言動をよく観察し、介護サービスの向上に活かす。

モニタリング

介護計画書と実際の介護にズレが生じているかどうかを検証する作業。必要があれば再度アセスメントを行い、介護をスパイラルアップさせていく。

実際の介護

実際の介護に参加するかどうかにかかわらず、生活相談員は「介護記録」などを通じて、常に介護の実態を把握しておくことが必要。

生活相談員になるための資格・要件とは?

―― 生活相談員になるルートはいろいろある

生活相談員にはケアマネジャーや介護福祉士のような正式な資格試験はありませんが、一定の任用要件が定められています。

生活相談員になるための要件

生活相談員になるには、厚生労働省の定める下記❶～❺の要件のいずれかを満たさなければなりません。なお、❺の「❶～❹と同等以上の能力を有する人（精神保健福祉士等）」の「等」の中身に関しては、都道府県がそれぞれ独自に示しています。

●生活相談員の任用要件（社会福祉主事の任用資格を準用）

デイサービスの生活相談員（特別養護老人ホームの生活相談員に準じる）になるには、社会福祉法の第19条（資格等）に従った要件を満たす必要があります。

社会福祉主事とは、本来は公務員・準公務員等が福祉事務所で働く際に必要な資格ですが、生活相談員を任用する際にもその要件を準用して任用基準に当てているというわけです。

❶ 大学等（短大を含む）を社会福祉に関する科目を3科目以上修めて卒業した人
❷ 厚生労働大臣が指定する養成機関または講習会の課程を修了した人
❸ 社会福祉士の資格をもつ人
❹ 厚生労働大臣の指定する社会福祉事業従事者試験に合格した人
❺ ❶～❹と同等以上の能力（精神保健福祉士等）を有する人

●都道府県が独自に定めている要件に見合う人

都道府県（事業所の所在地）ごとに要件が違うため確認が必要ですが、多くは介護福祉士や介護支援専門員（ケアマネジャー）の資格をもっていることが条件として示されています。介護職にある人については、資格を有していなくても一定期間以上の経験があれば資格を与えるという自治体もあります。

生活相談員になるための資格・要件

生活相談員の任用要件（社会福祉主事の任用要件とほぼ同じ）

❶ 大学等を社会福祉に関する科目を3科目以上修めて卒業した人

❷ 厚生労働大臣が指定する養成機関の課程（生活相談員に当てはまるのは、全社協中央福祉学院社会福祉主事資格認定通信課程〈通信1年〉と日本社会事業大学通信教育科〈通信1年〉）を修了した人
　※ これらの通信教育は、社会福祉に関係する仕事に従事している人が社会福祉主事の資格をとることを主目的としたもの。

❸ 社会福祉士の資格をもつ人

❹ 厚生労働大臣の指定する社会福祉事業従事者試験に合格した人
　※ 当試験は現在行われていない。

❺ ❶〜❹と同等以上の能力を有する人（精神保健福祉士等）
　※ 生活相談員については、精神保健福祉士等の「等」に関して都道府県（事業所の所在地）が独自に定める要件があり、「ケアマネジャー」、「介護福祉士」、「一定期間以上の介護職経験がある人」が代表的な例。

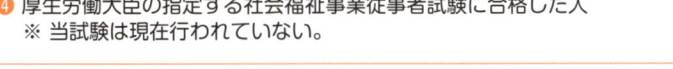

上記の内容を検討・整理すると、生活相談員になるルートは下記の5つになるでしょう。

ソーシャルワーカールート	社会福祉士または精神保健福祉士からなる。
3科目ルート	大学などで社会福祉系の指定科目から3科目を修得してなる。
通信教育ルート	厚生労働大臣指定の養成機関の通信教育コースを受講してなる。
ケアマネルート	ケアマネジャーからなる。
介護職ルート	介護福祉士や勤務経験を積んだ介護スタッフからなる。

※ケアマネルートと介護職ルートについては、自治体によっては認めていないところもあります。

 ソーシャルワーカーは国家資格である社会福祉士および精神保健福祉士の総称です。

017

デイサービスにおける生活相談員の業務とは？
——基本業務と基本業務以外の仕事

デイサービスの生活相談員は、事業所ごとにサービス提供時間数に応じて1名以上（うち最低1名は常勤）を配置することが義務づけられています。

基本業務…サービスの利用プロセス全体を管理し、地域と連携する

　デイサービス事業所に配置することが義務づけられているのは、管理者（生活相談員を兼務することも可）、生活相談員、看護職員（小規模デイでは必須ではない）、介護職員、機能訓練指導員です。このなかで、生活相談員以外は仕事内容がはっきり決められていますが、生活相談員の仕事は「生活向上のための相談・援助」という指針があるだけで、具体的には決められていません。

　ただ、厚生労働省老人保健審議会の答申（1987年）に老人保健施設の生活指導員の役割は「入所者や家族との処遇上の相談、生活プログラムの作成、レクリエーションの指導、市町村との連携の確保等」という記述があり、デイサービスでも同様の役割が望まれていると考えられてきたようです。つまり、利用者へのサービス提供をトータルに管理する仕事と地域連携にかかわる仕事が基本業務ということです。

基本業務以外の仕事…管理業務など

　規模の小さいデイサービスなどでは、生活相談員が管理者を兼務することも多いでしょう。そうした場合は、生活相談員は事業所運営のための管理業務も行うことになります。また、事業所によっては、利用者の送迎を行なったり、介護スタッフが担っている現場のケア業務（入浴、食事、レクリエーションなど）を手伝ったりすることもあるでしょう。

　ただし、どんな業務を行うときも、生活相談員としての視点をもち続け、生活相談員としての本来の役割を意識することが大切です。そうすれば、一貫して「利用者の介護をよりよくする」ための行動をとることができるはずです。

生活相談員の主な業務

デイサービスの生活相談員が面談室での相談業務だけを行う事業所はまれです。あったとしても、そうした相談業務だけを行うことがデイサービスの生活相談員にとって正しいやり方でしょうか？　なぜなら、思いや訴えをうまく言葉に表せない高齢者にとっては、介護サービスを受ける現場のすべてが相談の場であり、言葉や行動そのものが相談行為だからです。

●生活相談員の基本業務

サービス提供のトータル管理と相談対応の仕事	地域連携にかかわる仕事
●受入れ可否の問合せへの対応 ●見学への対応 ●サービス担当者会議への出席 　※会議には、利用者、家族、ケアマネジャー、生活相談員等が参加。 ●利用契約の締結 ●アセスメント（利用者の生活の課題を洗い出す作業） ●「通所介護計画書」の立案・作成（および事業所用の「フェイスシート」の作成） ●モニタリング（介護計画書どおりにサービスが提供されているかチェックする作業） ●「通所介護計画書」の修正・変更 ●**利用者・利用者家族との相談業務**（事業所内で直接面談する相談業務、利用者宅を訪問して行う相談業務） ●利用契約終了に関する手続き	●地域ケア会議への出席 ●実習生やボランティアの受入れ ●地域（町内会や自治会等）との連携 ●地域社会への広報活動 

厚生労働省は、今後、デイサービスの生活相談員に対し、利用者の生活全般を支える取組みとして上記表内の事業所外業務を積極的に奨励し、それらの外部活動を配置実態として認める方針を打ち出しています。

●基本業務以外で生活相談員が担当する可能性のある主な業務

サービス提供にかかわる仕事	管理者を兼任する場合の仕事
●利用者の送迎と送迎管理 ●ケア業務（入浴、食事、排泄・レクリエーションなど） ●給付管理 ●行事の企画・運営 ●苦情処理 ●事故対応	●事業計画・事業報告 ●財務管理 ●人事管理 ●防災対策

厚生労働省老健局振興課に聞いてみました
——デイサービスの生活相談員とは何をする人でしょうか？

厚生労働省は、デイサービスの生活相談員を地域と連携しながら利用者の生活全般を支えるキーパーソンと位置づけています！

デイサービススタッフのリーダー的な存在

Q 厚生労働省はデイサービスの生活相談員業務をはっきり打ち出していない、という話をよく耳にしますが、本当でしょうか？

A 確かに、業務に関連して明文化されているのは「生活の向上を図るため適切な相談、援助等を行う能力を有すると認められる者」という資格要件だけですが、実際は生活相談員をデイサービススタッフのリーダー的存在と位置づけていて、直接の相談・調整業務以外でも介護計画書作成などの重要な業務は生活相談員が行うのが妥当、と考えています。ただ、実態調査では、多くの時間を実際の介護や送迎、利用者の見守りなどに当てているのが実情のようです。

人員配置基準の要件を緩和し、地域連携活動業務を積極的に奨励

Q 現状に対して、今後はどのようにしていくのがよいと？

A 今後、デイサービスの地域連携の拠点機能を充実させていく予定です。生活相談員にはそのキーパーソンとして、事業所の外に出て行う地域連携活動業務（地域ケア会議への出席、利用者宅訪問による利用者や家族への相談・援助、地域の町内会・自治会やボランティア団体等との連携による利用者への生活支援等）を担っていただきます。ただ、生活相談員には「サービス提供時間内は事業所内にいなければならない（サービス担当者会議の出席など、相談業務に不可欠な外出は例外）」という専従要件があるため、2015（平成27）年4月に専従要件を緩和する「通知」を全国の自治体に出しました（詳しくは巻末資料157ページを参照）。これにより、生活相談員による積極的な地域連携活動が可能になりました。

厚生労働省が今後デイサービスの生活相談員に期待する主な外部業務

生活相談員は、介護スタッフをまとめるリーダー格の職員として、直接的な相談業務だけでなく、介護計画書の作成やモニタリングなど、介護の質向上にかかわる重要な役割を担うことが求められています。

さらに、厚生労働省は、デイサービスを地域連携の拠点として機能させていく方針を打ち出しており、そのキーパーソンとして生活相談員を位置づけています。事業所内で現場介護のアシストをするのも大切な仕事ですが、生活相談員はサービス利用者の生活の質を向上させるための幅広い活動をすることが期待されているのです。

デイサービスを地域連携の拠点として機能させる

キーパーソンは生活相談員！

事業所内での面談以外の相談・援助

利用者宅を訪問し、在宅生活の状況を確認したうえで利用者の家族も含めた相談・援助を行う。

社会資源の発掘・活用

地域の町内会、自治会、ボランティア団体等と連携し、利用者に必要な各種の生活支援を担ってもらう。

地域ケア会議への出席

生活相談員はサービス担当者会議だけでなく、地域ケア会議にも積極的に参加する。

column

職場で孤立しやすい「3科目・新人生活相談員」

職場での孤立の話をしましょう。

生活相談員の要件のページにも書きましたが、生活相談員になる主なルートは、社会福祉士や精神保健福祉士からなる「ソーシャルワーカールート」、大学などで指定3科目を修得してなる「3科目ルート」、通信課程を受講してなる「通信教育ルート」、ケアマネジャーからなる「ケアマネルート」、介護福祉士などからなる「介護職ルート」の5つです。

これらのルートのうち、「ソーシャルワーカールート」の人たちは、資格をとる過程のなかで現場経験を踏んでいます。また、「通信教育ルート」、「介護職ルート」、「ケアマネルート」の人たちは、介護現場で何が行われ、何がどう動いているのかをある程度知っています。問題は、学校を出たばかりで現場経験なしに生活相談員になった「3科目ルート」の新人。取材で生活相談員の方々にお会いすることがありますが、ほとんどの方の名刺には、生活相談員と並んで社会福祉士や介護支援専門員の資格が併記されています。そんななかで、ごくまれに生活相談員の下に「社会福祉主事任用資格」とだけ書かれた名刺をいただくことがあります。「3科目ルート」の相談員さんでしょうか？

「3科目ルート」の新人が、生活相談員が1人しかいない事業所で働くこともあるのがまだまだ過渡期のこの業界。「現場経験がないにもかかわらず、デイサービスの顔として責任ある立場から出発しなければならない」、「わからないことを聞く先輩がいない」、「責任ある立場の自分が他のスタッフに仕事の仕方を教えてとも言えない」……。ないない尽くしのなかで小さな舟を漕ぎ出し、あるときは雑事に追われ、あるときはヒマをもてあまし、結局、何をどうしたらよいのかよくわからないまま孤立し、漂流してしまうのです。

そうならないために、生活相談員の存在価値を知り、生活相談員としての視点をもつことの大切さを自覚しましょう。がんばって！

Part 2

デイサービス生活相談員の 基本業務って何？
―― 生活相談員の立場で行う主要な仕事 ――

****

Part 2では、Part 1の「デイサービスにおける生活相談員の業務とは？」（018ページ）の節で述べた「基本業務」を、「サービス提供のトータル管理と相談対応の仕事」と「地域連携にかかわる仕事」に分けて解説します。デイサービスの生活相談員は、高齢者がデイサービスを利用するに当たってその利用の最初から最後までをすべてサポートする立場であると同時に、地域連携のキーパーソンでもあるため、基本業務はデイサービスの生活相談員にとって根幹をなす仕事と言えるでしょう。
生活相談員は「デイサービスの顔」であり、周囲の人たちから頼られる存在なのです。
このPartでは、前半で「サービス提供のトータル管理と相談対応の仕事」について説明します。サービス利用希望者に対してサービスを提供していくプロセス（生活相談員が遂行すべき業務の流れ）を10のステップに分けて、発生順に【ステップ1】から見ていきます。この流れと業務内容をしっかり頭に入れておいてください。そして、後半では、「地域連携にかかわる仕事」を3つのトピックに分けて説明します。
なお、これらの業務においては、ケアマネジャーから必要な書類を受けとったり、生活相談員自身が必要な書類を作成したりすることが多いので、それらの書類はその都度きちんとファイリングし、整理・保管しておきましょう。

サービス提供のトータル管理と相談対応の仕事【ステップ1】

受入れ可否の問合せに対応する

——生活相談員はケアマネジャーの問合せに
適切かつ迅速に対応することが大切

デイサービスにおける利用者へのサービス提供は、受入れ可否の問合せに対応することから始まります。

利用希望者に関する基本的な情報を入手し、受入れ可否を検討する

　高齢者Aさんがデイサービスを利用したいと思ったときは、利用先の候補を探し、候補先を実際に見学し、最終的に利用すると決めた事業所と正式に利用契約を結ばなければなりません。このプロセスをサポートするのは、Aさんのケアプランを作成する担当ケアマネジャーです。ケアマネジャーは、最初に、Aさんや家族の希望を加味したいくつかの候補事業所をAさんに示して、電話等で候補先に受入れ可能かどうかの問合せをします。

　受入れ可否の問合せには、デイサービスの生活相談員が対応します。問合せがあったら、生活相談員は利用希望者（Aさん）に関する基本的な情報（右ページの表参照）を入手・確認し、内容を管理者に報告して一緒に受入れの可否を検討。利用希望者の心身の状態によっては、介護スタッフや機能訓練指導員の意見を聞いたほうがよいケースもあります。

受入れ可能かどうかの返事は迅速に行う

　利用希望者に対しては、定員に空きがあれば受け入れるのが原則です。受入れがむずかしそうな場合でも、なんとか受け入れられないか検討しましょう。ですが、利用希望者の要望に対して、機能訓練設備や医療機器が整っていないとか、精神疾患に対応できるスタッフがいないなど、どうしても対応できないケースもあります。

　ケアマネジャーへの回答はできるだけその日のうちに行い、断る場合もていねいな対応を心がけましょう。

新規利用者の受入れの問合せにかかわる流れ

❶ ケアマネジャーから電話等で受入れ可能かどうかの問合せがある

高齢者がデイサービスの利用を希望した場合は、担当のケアマネジャーから事業所に受入れが可能かどうかを問い合わせる連絡が入ります。

❷ ケアマネジャーから利用希望者の基本情報を入手する

利用希望者に関する基本的な情報を入手し検討する立場にある生活相談員は、利用希望者に関する下表の情報をケアマネジャーから入手する必要があります。

利用希望者に関する基本情報	
名前	名前、年齢、性別
住所	利用希望者の自宅連絡先と別居家族の連絡先
介護度	介護度と認知症の有無
ADL	基本的な日常生活動作の程度
健康状態	健康状態と慢性疾患の有無など
希望するサービス内容	送迎・入浴・個別機能訓練など
希望利用曜日	できれば複数の候補曜日
デイサービスの利用について	はじめて利用するのか、デイサービスの事業所を変えるのか、利用するデイサービス事業所を増やすのか、等

❸ 受入れの可否を管理者と相談する

必要に応じて、介護スタッフや機能訓練指導員の意見も聞きましょう。

❹ ケアマネジャーに可否の返事をする

受入れ可能かどうかの返事はできるだけその日のうちに行い、断る場合もていねいに回答しましょう。

サービス提供のトータル管理と相談対応の仕事【ステップ2】
利用希望者の見学に対応する
——見学時はパンフレットでは伝えきれない
　特長をアピールするチャンス

利用希望者の多くは、「受入れ可能」の返事をくれたデイサービスを見学します。

見学者によい印象をもってもらえるかどうかは生活相談員の説明しだい

　「受入れ可能」と返事をしたら、通常は見学の申込みがあります。見学には、利用希望者、その家族、担当ケアマネジャーが来るのが一般的です。なお、利用希望者の多くは、この時期に、タイプの異なる複数のデイサービスを見学します。はじめてデイサービスを利用する場合は、実際に見てみるまで、どういうデイサービスが自分に合っている（気に入る）のかよくわからないからです。

　生活相談員は食堂、浴室、トイレ、歓談室などを案内し、事前に希望があった場合は実際の場面（レクリエーション、機能訓練など）も見学してもらいます。救急対応や送迎方法など、利用者なら知りたいと思うことも忘れずに説明しましょう。また、案内しながら会話を交わし、利用希望者の心身の様子や家族との関係などをそれとなく観察することも大切です。利用するに当たって何か希望があれば、その希望に沿えるかどうかを説明し、"ここが売り"という事業所のメリットも併せて伝えましょう。

利用希望者から選ばれたら、ケアマネジャーから「利用申込書」が届く

　利用希望者がそのデイサービスを選ぶかどうかは、見学に行ったときの事業所全体の印象に大きく影響されます。そのため、生活相談員の対応のよさだけでなく、廊下ですれ違うスタッフ一人ひとりの態度のよさ（明るいあいさつや笑顔など）も大事。ただ、こうしたことは一朝一夕でできるものではないので、生活相談員は日ごろから職員どうしのコミュニケーションを図り、雰囲気作りをリードする必要があります。

　見学後に利用が決まり、ケアマネジャーから「利用申込書」が送られてきたら、すぐに内容を確認し、不明な点があればケアマネジャーに問い合わせましょう。

見学の流れ

❶ 見学希望の連絡がくる

デイサービスの利用がはじめてなのか、デイサービスを変更したいのか、利用できるデイサービスを増やしたいのかを確認しましょう。

↓

❷ ケアマネジャーと日程の調整をする

可能であれば、サービス利用を希望する曜日に見学してもらいましょう。

> 食事、レクリエーション、個別機能訓練などの見学を希望している場合は、該当する時間帯に見学できるよう調整します。

↓

❸ 見学者の案内・対応をする

食事室、浴室、トイレなどを案内するとともに、会話を通じて利用者と家族が望んでいることを聞きましょう。

> 利用希望者や家族の様子を観察し、利用者の心身の状態や家族との関係について気づいたことがあれば、アセスメントの参考としてメモしておきましょう。

↓

❹ 利用が決定したらケアマネジャーから「利用申込書」が届く

迅速に利用申込書の内容を確認して、不明なところがあれば早急にケアマネジャーに問い合わせましょう。

サービス提供のトータル管理と相談対応の仕事【ステップ3】
サービス担当者会議に出席する
——この会議は介護サービスの利用方針・提供方針を決めるためのもの

サービス担当者会議はケアマネジャーの主催で開かれます。

サービス担当者会議では「ケアプラン原案」が適切かどうかを判断

「利用申込書」が提出されたら、サービス担当者会議が開かれることになります。サービス担当者会議は、「ケアプラン」（事業所は「介護計画書」）を作成または変更する際に利用者の介護サービスにかかわる関係者が集い、利用者の情報を共有するために開かれるもの。原則的には、新規・変更のサービス提供前に利用者の自宅で行われます。なお、初回のサービス担当者会議の場合は、会議が終了した時点でデイサービスと利用者の間でサービス利用契約を結ぶのが通例です。

会議ではケアマネジャーが事前に作成した「ケアプラン原案（ケアプラン変更原案）」が妥当であるかが話し合われ、デイサービスの生活相談員はその原案のなかのデイサービスの方針について意見を述べます。

ケアマネジャーから届く「サービス担当者会議の要点」をよく読む

サービス担当者会議が終わると、後日、ケアマネジャーから会議の概要を記した「サービス担当者会議の要点」が送られてきます。これには、会議出席者の氏名、検討した項目、検討内容、結論、残された課題などが記入されているので、よく読んで内容を確認しておきましょう。なお、「サービス担当者会議の要点」が届いたら、「アセスメント表」や「通所介護計画書」を作成するときに役に立つよう、会議に出席したときの自分なりの所感や観察事項を余白にメモしておくと便利です。この記録をよく読まずに、同じような事項について何度もケアマネジャーに問い合わせるようなことがあると、生活相談員の資質を疑われかねないので注意しましょう。

利用者を増やしていくには、こうした努力の積み重ねが不可欠です。

サービス担当者会議の出席者と内容

サービス担当者会議とは介護サービスの利用方針と提供方針を決めるための会議（基本的に利用者（利用希望者）の自宅で開催される）で、「ケアプラン」原案をたたき台に、利用者・家族の意向の確認や長期・短期目標の作成などが行われます。やむを得ず欠席する担当者については、意見を提出（事前または事後に）してもらうことになります。

ケアマネジャー
事前に行なったアセスメントの結果とケアプランの原案を提示し、会議の進行役を務める。

利用者・家族
どのような生活が送りたいのか、どんなサービスを利用したいのか、などの意向を伝える。

デイサービス生活相談員
サービスを実施するうえでの課題と解決方法、今後の方針などを確認する。

主治医
医学的な見地から利用者の状況を述べる。
※実際に主治医が参加するケースは少ない（意見書で代替）。

住宅改修業者や福祉用具事業者など
必要に応じて参加する。

サービス提供のトータル管理と相談対応の仕事【ステップ4】
契約を締結する
――契約書に署名捺印してもらう前に契約内容をていねいに説明することが必要

高齢者は契約という行為に慣れていないことが多いので、安心してもらえるように相手の反応を見ながらていねいに説明しましょう。

契約時に必要な「通所介護契約書」と「通所介護重要事項説明書」

　初回のサービス担当者会議が終わったら、契約のステップに進みます。契約は、基本的にデイサービス利用者の自宅で利用者の希望する日時に行われますが、場所を提供する利用者の負担を軽くする意味で、サービス担当者会議を行なった場で続けて契約を結ぶケースが多いようです。

　契約時に必要な文書は、「通所介護契約書」と「通所介護重要事項説明書」の２つです。生活相談員はその中身を事前によく読んで隅々まで理解しておきましょう。契約の場にはそれらを２部（利用者用と事業所用）ずつ持参。契約は２部の書類に双方が署名捺印して完了しますが、事業者の署名捺印は契約の場に行く前に済ませておきます。なお、事業者には、利用者に署名捺印してもらう前に、契約書と重要事項説明書の内容を利用者に説明し、利用者の同意を得る義務があります。契約の締結が完了したら、契約書と重要事項説明書を利用者と事業者で１部ずつ保管します。

契約に付随する書類

　契約書と重要事項説明書の２つがあれば、利用者と事業者との利用契約は成立しますが、契約日にはその他の文書も一緒にとり交わすのが通例です。それは、デイサービスが入手した個人情報を必要時に最低限の範囲で使用するための「個人情報利用同意書」、利用料を利用者の預金口座から引き落とすための「口座振替依頼書」、医療行為など、利用者が通常サービス以外に受けるサービスを記した「覚書」といった文書です。また、最近では、写真で個人が特定されることでトラブルが起こらないよう、写真に写ってもよいという人に「写真掲載承諾書」をもらう事業所も増えています。

契約時にとり交わす主な書類

契約に際しては、必要書類だけでなく、パンフレット、園内通信、献立カレンダーなども持参します。それらを見せながらデイサービスでの過ごし方や持ち物などについて説明し、利用者の不安感をとり除くようにしましょう。

契約に必要な書類

通所介護契約書
利用契約の基本事項が記されている文書です。

通所介護重要事項説明書
職員の配置人数、営業日・営業時間、利用料金、緊急時対応など、法令で記載が義務づけられている事柄を説明する文書です。

契約に付随する文書

個人情報利用同意書
デイサービスの業務において必要最低限の範囲で利用者の個人情報を使用するための文書です。

口座振替依頼書
利用料を利用者の預金口座から引き落とすための書類です。
※書き損じてもいいよう多めに用意しましょう。

覚書
一般的なサービス以外の個別サービスについては、覚書にして双方で確認しておく必要があります。

写真掲載承諾書
事業所のパンフレットやニュースなどへの写真掲載を承諾してもらうための書類です。

サービス提供のトータル管理と相談対応の仕事【ステップ5】

アセスメントを実施する
——デイサービス利用者が現在、何に困り、
　何を望んでいるのかを知るための手段

アセスメントは、最適な「通所介護計画書」を作成するために、利用者の現状を分析する作業です。

サービス担当者会議や個別面談で情報を得る

　契約が成立したら、「通所介護計画書」を作成するために利用者の現状を分析し、その結果を「アセスメント表」に記入します。アセスメントに必要な情報は、ケアマネジャーからだけでなく、デイサービス利用者や家族と直接会って入手するのが基本です。そのためのもっとも重要な機会となるのが、サービス担当者会議。会議では、利用者とのやりとりをケアマネジャーに任せきりにせず、生活相談員の視点で利用者の状況を尋ねるようにしましょう。

　また、これまではサービス担当者会議以外で利用者や利用者家族と直接会うことは少なかったと思いますが、今後は、厚生労働省も奨励しているように、デイサービスの生活相談員は利用者ともっと積極的に接点をもつことが求められてきます。ケアマネジャーの定期面談に同行したり、単独で利用者宅を訪問するなどして、現在、利用者は何に困難を感じ、何を望んでいるのかを進んで聞く努力をしましょう。

デイサービスの生活相談員として独自の視点でアセスメントする

　アセスメントをする際は、ケアマネジャーからの情報が大事な参考資料となるため、「ケアプラン」、「フェイスシート」、「アセスメント表」などのコピーをあらかじめ送ってもらいましょう。ケアマネジャーの「アセスメント表」を手にすると、そのまま書き写したくなるかもしれませんが、デイサービスでは日常生活に即したもっと具体的な「アセスメント表」を作る必要があります。デイサービスの介護によって困難が解消されれば、自宅での生活の質も向上するはず。生活相談員の"アセスメント力"が、利用者の生活の質を向上させる鍵となるのです。

「アセスメント表」の記入例

「アセスメント表」には、ケアマネジャーの「アセスメント表」や「ADL・IADL表」を参考に、デイサービスのサービス内容にかかわる部分を具体的に記述します。

○○K子様　85歳　要介護2　　　アセスメント表　　　　　　　　記入者：○○ □美

健康状態	糖尿病あり。2ヵ月に1回、○○病院（△□医師）を受診。薬の服用は朝食後のみなのでデイサービス前に済ませているが、服用後に低血糖発作を起こしたことがあるため、デイでも観察が必要。
ADL（日常生活動作）	ほぼ自立しているが、ここ2年ほどでかなり下肢筋力が低下。椅子からの立ち上がり時などには介助が必要。ボタンのはめ外しなど、指先の細かい動作が苦手。入浴は自分でできるが、一人だと頭を洗わないので洗髪介助が必要。
IADL（手段的日常生活動作）	以前は自室の掃除は自分で行なっていたが、最近はゴミを拾う程度。今は1日おきに同居の次女が掃除している。調理・買物は同居の次女が行う。
認知	日常の会話にはほとんど不自由はないが、見当識が低下しており、自分は次女の家に遊びに来ていると勘違いすることが多い。日常の簡単なことは自分で決められるが、特別事項に関しては理解も決断も困難である。
コミュニケーション能力	笑顔で他者とおしゃべりすることができ、会話やコミュニケーションは可能。静かな性格ながら、親切心から他者の世話を焼きたがる傾向がある。
社会とのかかわり	ここ1年くらいは、足の筋力の衰えや好奇心の減少からデイサービス以外で外出することはほとんどなくなった。美容院に行くことも最近は面倒になった様子。
排尿・排便	自分でトイレに行き、排泄している。ただし、トイレに行ったことをすぐに忘れるため、かなり頻繁にトイレに通うことがある。頻繁にトイレに行くときは、病気などの原因があるのか、物忘れのためなのかを観察する必要がある。
褥瘡・皮膚の問題	特になし。
口腔衛生	特に問題ない。入れ歯をはめられないことがあるので、歯磨き後は見守りが必要。
食事摂取	最近は野菜をよく残すようになった。ただし、他人の前ではきちんと食べようとする気持ちが湧くようで、好き嫌いをあまり言わずに食べる。
問題行動	お金や通帳を大事なものだからとしまい込み、その場所を忘れるため、金銭管理は次女がしている。朝と夜の時間感覚がない。起きてこない家族を探すつもりで、まだ暗いうちに外に出てしまったこともある。デイで「家族を探す」、「家に帰る」と言ったときの対応を考えておく必要がある。
介護力	4年前より次女家族と同居。家族の理解と協力のもと、在宅生活を送っている。
居住環境	同居の折に本人の居室を増築し、1階をバリアフリーにするなどのリフォームを行なった。次女家族と同居したときからベッドで寝るようになった。
特別な状況	特になし。

サービス提供のトータル管理と相談対応の仕事【ステップ6】

「通所介護計画書」を立案・作成する
——よりよい介護に向けてできるだけ具体的に記述することがポイント！

介護計画書は、利用希望者に最適な介護サービスを提供するための設計図。介護スタッフのケアの拠り所となるものです。

「通所介護計画書」は現場介護の重要な指針

　アセスメントが終了したら、その結果に基づいて「通所介護計画書」を作成します。「通所介護計画書」は、新規にデイサービスを利用する個々の利用者のために立案・作成するサービス提供の設計図です。項目は、「総合的な援助の方針」、「生活全般の解決すべき課題」、「利用者と家族の意向」、問題解決のための「目標（長期・短期）」、課題解決に向けて提供される「サービス内容」など。特に「総合的な援助の方針」は、利用者と家族の意向を踏まえ、利用者が自立してよりよい生活を送れるようにデイサービス事業者とケアマネジャーがどのような援助を行なっていくのか、という共通理解が示される重要な部分です。

「サービス内容」で具体的な計画に落とし込む

　「通所介護計画書」において、デイサービスの機能と特色が示されるのが「サービス内容」です。この欄は、ケアマネジャーが作成した「ケアプラン」を総合的な援助の方針に沿って具体化するもので、介護の設計図として現場の介護に直結してくる部分です。生活相談員にとって、介護計画書の目標をこの部分でどれだけ具体的な計画に落とし込めるかが腕の見せ所。食事のときにどのような介助をするのか、入浴ではどうか、などを具体的に書くことで、どうケアしたら介護計画書に沿ったよりよい介護ができるのかが見えてくるわけです。また、「サービス内容」には、介助・介護だけでなく、予防という視点を盛り込むことも求められます。

　「通所介護計画書」が出来上がったら、利用者・家族にその内容を確認し同意してもらいます。そして、サービスの提供が開始されることになるのです。

「通所介護計画書」の記入例

通所介護計画書

デイサービスセンター◎◎◎

・継続

(フリガナ) 利用者氏名	(◯◯◯◯▽コ) ◯◯▽子	生年月日	年齢	性別	要介護度	作成者	作成日	有効期限
		S4年5月3日	◯◯歳	女性	要介護2	◯◯◇夫	平成◯◯年 ◯月◯日	平成◯◯年 ◯月◯日

介護サービス計画書作成	居宅介護支援事業所◇◇◇　　ケアマネジャー　□◯△美
利用者と家族の意向	健康を維持しながら楽しく生活したい。
総合的な援助の方針	①安心して楽しく他の利用者と交流する機会をもつ。 ②身体機能の維持・改善（特に脚力の改善）を行うための支援をする。 ③次女家族の介護負担を軽減する。

生活全般の 解決すべき課題	目標（長期）	目標（短期）	期間	サービス内容	留意事項
同居した次女一家との現在の生活をよりよいものにするとともに、将来、寝たきりにならないよう予防する。	他者と楽しく交流する機会をもつ。	レクリエーション、食事、おしゃべりなどを通じて他の利用者と交流する。	H◯／◯ 〜 H◯／◯	レクリエーションや趣味の演歌カラオケなどへの参加を促し、交流活動の支援を行う。	他の利用者との会話が進むよう、声かけや席の配置などに気を配る。
	身体機能を維持・改善する。	転倒やケガを予防し、歩行を改善する。	H◯／◯ 〜 H◯／◯	理学療法士による歩行リハビリや筋肉マッサージを行う。	
		日常動作を向上させる。	H◯／◯ 〜 H◯／◯	集団体操、レクリエーション、食事や入浴などを通じて日常動作の機能訓練を行う。	脚力が低下しているので、特に入浴時は見守りと一部介助が必要。運動系レクへの参加を上手に促す。
	次女家族の介護負担を軽減する。	次女家族が自分たちの時間をもてるよう、家族と離れていても安心して過ごせるようにする。	H◯／◯ 〜 H◯／◯	次女家族と離れている時間を作るために、食事、入浴などのサービスを提供する。	デイサービスでの時間が楽しいと感じてもらうため、疎外感を覚えさせないよう努める。

基本的なサービス項目	☑送迎　☑バイタル測定　☑食事　☑入浴　☑レクリエーション ☑機能訓練　□服薬支援　□排泄介助

通所介護計画書について説明を受け、同意しました。　平成◯年◯月◯日　説明者　◯◯◇夫 ㊞
　　　　　　　　　　　　　　　　　　　　　　　　　　　　　　　　　　ご本人　◯◯▽子 ㊞
　　　　　　　　　　　　　　　　　　　　　　　　　　　　　　　　　　ご家族　◯◯□子 ㊞

サービス提供のトータル管理と相談対応の仕事【ステップ7】

モニタリングを実施する
——「通所介護計画書」と実際の介護との間にズレがないかチェックする作業

サービス開始からある程度時間が経つと、利用者の心身の変化に伴って満足度が低下するケースがあるため、定期的なモニタリングが必要です。

「通所介護計画書」と照らし合わせて実際の介護内容を評価する

　利用者へのサービス提供が開始されたら、実際の介護が介護計画書に沿って行われているか、また、利用者の現在の状況に適したものであるかをチェックするモニタリングを随時実施します。特に、サービス開始から時間が経つと、介護計画書どおりにケアしていても、利用者の心身の状態や意向が変化したことで、十分な成果や満足が得られなくなってくる場合も多く、そうしたズレを定期的にチェックする必要があります。

　なお、そうしたズレは、定期的なモニタリング以前に、日々の観察記録である「ケース記録」に現れてくるのが普通です。生活相談員は、スタッフの書いた「ケース記録」をチェックし、介護現場において自分の目で利用者の状況を確認して、通常は月1回くらいの割合でケアマネジャーに「状況報告書」を提出することになっています。

大きなズレが生じてきたら「通所介護計画書」を見直す

　モニタリングは、よりよい介護を実現するために生活相談員が責任をもって定期的に行うべき業務です。特に介護計画書の目標期間の終了時や現場介護で大きなズレが認められたときは必ず行い、介護計画書の見直しも考慮しながら「モニタリング表」を作成してケアマネジャーに送付します。ケアマネジャーはサービス担当者会議を招集し、そこで「ケアプラン」や「通所介護計画書」を変更すべきかどうかを検討。必要ならば、再アセスメントを実施します。ちなみに、「状況報告書」などで明らかになった介護のズレは、回数を増やすなどの多少の手直しで済むのであれば、サービス担当者会議などの手続きを経ずに"軽微な修正"で対処することも可能です。

「モニタリング表」の記入例

モニタリング表

モニタリング期間　平成○○年○月○日〜平成○○年○月○日

生活相談員　○○　◇夫

（フリガナ）	○○　▽コ	生年月日	年齢・性別	要介護度	モニタリング日
利用者氏名	○○　▽子	S4年○月○日	○○歳 女性	要介護2 （認知症の症状：軽度）	H○年○月○日

利用者の最近の体調	大きな変化はない。認知症症状から来る不安のせいか、最近は少し怒りっぽくなった。

短期目標	サービス内容	実施状況と効果	満足度	今後の対応
レクリエーション、食事、おしゃべりなどを通じて他の利用者と交流する。	レクリエーションや趣味の演歌カラオケなどへの参加を促し、交流活動の支援を行う。	趣味の演歌カラオケに積極的に参加。他の利用者とも嫌がらずに会話をしている。	本人・家族ともに現状に満足。ただし、演歌はメロディを忘れてうまく歌えないこともあり、そんなときはプライドが傷ついている様子。	このまま継続。カラオケのときは、スタッフが上手に助け舟を出すなど、自然なフォローを心がける。
転倒やケガを予防し、歩行を改善する。	理学療法士による歩行リハビリや筋肉マッサージを行う。	マッサージは、足が軽くなると言ってとても気に入っている。	本人・家族ともに満足。本人も寝たきりにならないことを重視しており、回数を増やしたい意向がある。	機能訓練の回数を増やす方向で検討。
日常動作を向上させる。	集団体操やレクリエーション、食事や入浴などを通じて日常動作の機能訓練を行う。	運動系レクへの参加には消極的。ただし、何回か声をかけると参加するので、参加してみたい気持ちはある様子。食事の後片づけを積極的に手伝おうとする。	ほぼ満足。運動系レクは恥ずかしくて自分から参加できないことが多いが、本当はもっと楽しみたいようだ。	このまま継続。レクリエーション参加への声かけには少し工夫が必要。
次女家族の介護負担を軽減する。	次女家族と離れる時間を作るために、食事、入浴などのサービスを提供する。	嫌がらずに週3回通っており、目的はほぼ達成している。	ほぼ満足だが、将来的には限度まで回数を増やすことを家族が希望。	回数は今後の課題として、今回は保留にする。
総括・評価	理学療法士による機能訓練は回数を週1回から週2回に変更することを検討する。そのほかについては、今後の対応欄の注意事項に留意しながら現状のサービスを継続。				

サービス提供のトータル管理と相談対応の仕事【ステップ8】

「通所介護計画書」を適時に変更する

──「通所介護計画書」と現場の介護との間にズレが生じたら見直しが必要

> 利用者の心身の状態や利用者・家族の意向が変わってきたことがモニタリングによって明らかになったら、「通所介護計画書」を変更します。

サービス向上の大きなスパイラル（螺旋）サイクルを機能させるために

　Part 1の生活相談員の役割の説明（014ページ参照）でも触れましたが、現場の介護を向上させるためには、アセスメント⇒介護計画⇒実際の介護⇒モニタリング⇒再アセスメント、という大きなスパイラル（螺旋状の）サイクルを機能させなければなりません。このサイクルのモニタリング部分で介護計画書と現場の介護との間にズレが生じていることがわかった場合は、再びアセスメントを行なって「通所介護計画書」の内容を現場の介護にマッチするよう変更する必要があります。

　このサイクルが適切に機能すれば、利用者に最適な介護サービスが継続して提供されるようになります。これがうまく機能するか否かは、生活相談員の主体的な取組みに負うところが大きいでしょう。

モニタリングから「通所介護計画書」変更への流れ

　モニタリングによって、利用者の心身の状態が以前と大きく違ってきたり、利用者・家族の意向や要望が変化してきたりしたのがわかったら、介護計画書の修正が必要かどうかの検討に入りますが、その際にはまず、モニタリングの結果を知らせるために、【ステップ7】でも述べたように「モニタリング表」をケアマネジャーに送ります。

　ケアマネジャーも見直しが必要と判断した場合は、再アセスメントを行なって「ケアプラン」を修正。"軽微な修正"で対処できない場合は、サービス担当者会議を開いて検討し、その結果を踏まえてケアマネジャーが「ケアプラン」を変更します。生活相談員は、修正または変更された「ケアプラン」とサービス担当者会議の資料を参考に再アセスメントし、「通所介護計画書」を作成し直す（変更する）ことになります。

「通所介護計画書」変更までの流れ

生活相談員
〈モニタリング的視点で日々観察〉
自分の観察を「観察ノート」に記録するとともに、介護スタッフの書いた「ケース記録」も日々チェック。

- 現場の介護が計画どおりにいかない
- 計画書と現場介護とのズレを感じた

↓

ケアマネ
月に1回程度、生活相談員から「状況報告書」を受けとり、中身をチェック。

〈変更が必要〉↓

生活相談員
〈モニタリング〉
「通所介護計画書」と照らし合わせて、現場の介護内容を評価。

→

ケアマネ
生活相談員から「モニタリング表」を受けとり、中身をチェック。

〈変更が必要〉↓

生活相談員
〈サービス担当者会議〉
利用者・家族、ケアマネ、生活相談員などが集まって、サービス方針を再検討。

←

ケアマネ
ケアプランの変更が必要と判断した場合は、サービス担当者会議を招集。

↓

生活相談員
〈再アセスメントを行なって「通所介護計画書」を変更〉
大きな変更にはプランの作り直しで対応。

生活相談員
〈「通所介護計画書」を修正〉
軽微なズレには部分修正で対応。

←

ケアマネ
軽微なズレには「ケアプラン」の部分修正で対応。

〈軽微な修正で対応可能〉

039

サービス提供のトータル管理と相談対応の仕事【ステップ9】

利用者や家族の相談にのる

――面談して相談・援助を行うことが
　　生活相談員の中核業務

対面で行う相談業務は、利用者の信頼を得ていなければ成り立たない仕事。日ごろから利用者や家族との信頼関係の構築に努めましょう。

事前の準備と傾聴の姿勢

　デイサービスの利用者や家族から相談したいことがあると言われたときは、直接会って話を聞きます。その際は、事前に「通所介護計画書」、「フェイスシート」、「アセスメント表」を読んで、相談者の生活背景を把握しておくことが大切です。

　面談では、ゆっくりと言いたいことを話してもらうようにします。高齢の相談者の話は要領を得ないところがあるかもしれませんが、根気よくあいづちを打ちながら耳を傾けましょう。ときどき話の展開を促すような短い合いの手を入れたり、横道に逸れた話を軌道修正したりすることも大事です。

　なお、相談業務は基本業務の流れのどの段階でも発生しますが、便宜上このステップに入れてあります。

相談内容について関係者で協議し解決策を見い出すことが大事

　利用者からの相談に対しては、緊急を要することを除けば、そこですぐに意見や解決策を述べる必要はありません。面談の場では聞くことに徹し、あとで相談内容をほかのスタッフと共有して解決策を協議するようにしましょう。

　また、相談内容は「相談記録」に残しますが、のちのち利用者や家族に開示する可能性もあるため、記録の仕方には配慮が必要です。もちろん、事実を粉飾することは許されず、面談の内容は客観的に事実をありのままに書くのが基本です。そのうえで、プライバシーにかかわる情報を入手した場合は、記録として必要な情報だけを残して個人名や具体的な内容を省く、「　」（かぎかっこ）がついた利用者や家族の言葉以外は情緒的な文言は使用しない、などの配慮が必要だということです。

面談による相談業務のポイント

面談による相談業務では、利用者に伝えたいことを余さず話してもらう必要があります。生活相談員は話しやすい雰囲気作りに努めましょう。また、この機会を利用して利用者の会話内容や立ち居振る舞い・表情などを観察し、アセスメントに活用することも大事です。

面談室の椅子にかけるまでの様子を観察する

- 興奮していないか？
- 緊張していないか？
- 気持ちが沈んでいないか？
- 怒っていないか？
- 落ちつきがないか？

相談者の味方であるという雰囲気を出す

- 笑顔であいさつする。
- 相手の名乗りをおだやかに待つ。
- 来訪をねぎらい、言いたいことを気がねなく話すよう伝える。

相談者に「話を聞いてもらえた」と感じさせる

- 時折、あいづちを打つ。
- 適宜、話の展開を促す。
- あいまいな話のときは、その部分を聞き返す。
- 適宜、相手の気持ちを尋ねる。

そのとき○○さんはどう感じましたか？

感性を働かせて聴く

- 耳を使って聞くだけでなく、全身で感じるつもりで聞く。
- 話しているときの相手の表情、態度、まなざし、姿勢などを観察する。
- 利用者本人か家族かにかかわらず、相談者の精神状態（抑うつ症状などがないか）を観察する。
- 相談者が利用者の場合は、認知症の徴候がないかを観察する。

うちに帰ると寂しくて…

問題を整理しながら聞く

- 急いで解決しなければならない問題はないか？
- サービス内容で対処できる問題か？
- 精神的な問題か？
- 誰かに聞いてもらえたら気が済む類（グチ、悪口など）の相談か？

サービス提供のトータル管理と相談対応の仕事【ステップ10】
利用契約終了に関する手続きを行う
――利用者がデイサービスの利用を終わらせたいと通知してきたら行う手続き

> 利用契約が解除となった場合も、介護計画書やサービス提供記録などは厚生労働省が定める期間（記録によって2～5年間）保管しなければなりません。

利用者から事前通知があれば利用契約が解除に

　デイサービスの利用者がもうそのデイサービスを利用しないと決めたときは、契約書に記載された方法でデイサービス事業所に契約解除の通知をすることになっています。この通知には法律などで定められたルールは特にありませんが、利用契約書に『契約の解除は1週間前に文書で通知する。ただし、やむを得ない場合は1週間以内の通知でも契約を解約することができる』といった記載があるのが通例です。生活相談員は、通知を受けたら、その利用者の契約を終了させます。

　ただ、現実的な対応として、電話連絡による通知を認めている事業所も多いようです。また、明らかにデイサービスに通えなくなったケースは別として、利用しなくなっても契約は解除しないでおく、というケースもあります。

　なお、契約の解除については、利用者側からだけでなく、破産などのやむを得ない事情が生じた場合や利用者から多大な不利益を被った場合に事業者側から申し出ることも可能で、そのことも契約書に記されています。

利用契約の自動終了

　事業所によって多少の違いはありますが、次のような場合には、双方の通知がなくても契約は自動的に終了するのが一般的です。

❶ 利用者が介護保険施設に入所した場合
❷ 利用者の要介護認定区分が要支援や非該当に変更された場合
❸ 利用者が死亡した場合

　契約の終了をもって、利用者へのサービス提供にかかわる基本業務は終わります。

利用契約の終了

利用契約の終了に際しては、通常、文書などによって契約解除を通知する必要があります。

利用者の都合によるサービス終了

- 本人や家族がその事業所の利用をやめたいと希望した場合
- 長期入院や介護保険対象外の老人ホームに入所した場合
- 他の地域に転居した場合

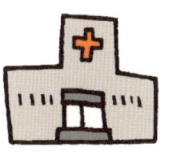

事業所の都合によるサービス終了

- 倒産や人員不足などのやむを得ない事情がある場合
- 利用者から多大な不利益を被った場合

利用契約の自動終了

- 利用者が介護保険施設（特別養護老人ホーム・介護老人保健施設・介護療養型医療施設）に入所した場合
- 利用者の介護認定区分が、要支援または非該当になった場合
- 利用者が死亡した場合

地域連携にかかわる仕事【その1】
地域ケア会議に出席する
―― デイサービスに来ていない日も
　　地域の人たちと利用者を支援

> 地域の多くの高齢者が通うデイサービスは地域における高齢者支援の拠点。生活相談員はそのキーパーソンとして期待されています。

地域の多職種の関係者が集まって高齢者支援の充実を図る

　「地域ケア会議」は、さらなる高齢化社会を見据え、年をとっても住み慣れた地域でその人らしい生活を送るために支援をどう充実させたらよいのか、どのような地域作りをしたらよいのかを模索するために作られたプロジェクト型組織です。会議の構成員は地域の多職種（自治体の福祉関係の職員、地域包括支援センターの職員、ケアマネジャー、生活相談員、医師、看護師など）の人たち。デイサービスの生活相談員は、サービス利用者が利用日以外の日にも地域で安心して生活できることを目標に会議に出席することになります。

地域独自の課題を見つけて、社会資源の開発や他地域との連携を行う

　会議は各地域の地域包括支援センターが主催して同センター内で開かれ、地域の構成メンバーのうち会議内容にかかわる人たちが参加します。基本的な議題は、地域に住む高齢者の困難を多角的な視点で解決すること。ただ、地域ケア会議は、個別の課題解決に留まらず、事例の集積・検討を通じてその地域に共通する課題を明らかにし、解決方法を模索するという重要な役割も担っています。個々の事例の背後には同じような困難を抱えた高齢者やその予備軍がおり、そうした共通の困難を地域の課題としてとり上げてそれを根本的に解決することが、厚みのある支援体制の実現につながると考えられるからです。

　たとえば「総合病院まで行くバスがない」、「坂道が多く高齢者が外出しにくい」、「近くのスーパーが廃業し、高齢者が買物難民化している」など、その地域に共通する課題が見つかったら、それの解決に向けて社会資源の開発や他地域との連携を行います。

地域ケア会議の主なメンバーと5つの機能

地域ケア会議は、開催規模（個別案件ごと、生活圏域ごと、市町村ごとなど）が必要に応じて決まり、構成員（自治体の福祉関係の職員、地域包括支援センターの職員、ケアマネジャー、生活相談員、理学療法士などのセラピスト、医師、薬剤師、看護師、管理栄養士など）も会議の目的に応じて参加するプロジェクト型組織。以下の図に示す5つの機能によって、高齢者が安心して暮らせる地域作りに貢献しています。なお、会議の名称は地域ケア会議とする必要はなく、自由につけられます。

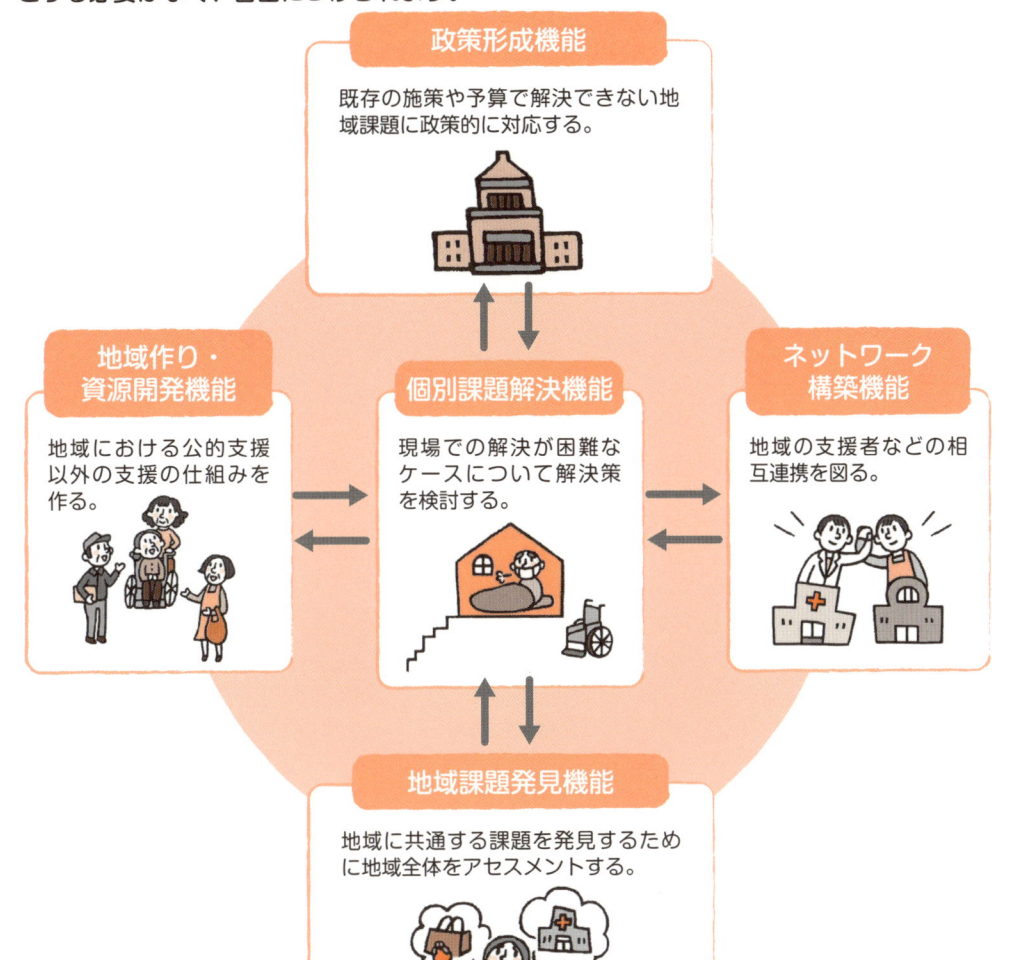

政策形成機能
既存の施策や予算で解決できない地域課題に政策的に対応する。

地域作り・資源開発機能
地域における公的支援以外の支援の仕組みを作る。

個別課題解決機能
現場での解決が困難なケースについて解決策を検討する。

ネットワーク構築機能
地域の支援者などの相互連携を図る。

地域課題発見機能
地域に共通する課題を発見するために地域全体をアセスメントする。

地域連携にかかわる仕事【その2】
実習生やボランティアを受け入れる
——実習生・ボランティアの受入れでデイサービスを活性化

> 実習生やボランティアの受入れは、社会連携業務の一種。デイサービスの生活相談員は現場の受入れ責任者として主体的に業務を担うことになります。

実習生の受入れで中心的な役割を担う

　介護関係の学校を卒業するには、現場実習の単位を修得する必要があります。多くのデイサービスが実習生を受け入れており、生活相談員は、経験もなく現場の危険予測もできない実習生を見守りながら、実習指導者（介護スタッフ）と二人三脚で実習生を指導する立場にあります。また、慣れない実習に不安を感じている実習生のよき相談相手となり、実習を実りあるものにする役割も期待されています。

　一方で、実習生は事業所の改善点などを新鮮な視点で指摘してくれる貴重な存在でもあります。実習生を受け入れる事業所には、実習期間を双方にとって実りあるものにしようという姿勢が必要なのです。

ボランティアの受入れは今後ますます増える

　政府は、介護分野における「社会資源の活用」をさらに推進する方針を明らかにしています。社会資源とは、問題解決に資する公的な制度、地域の組織、人材などのこと。なかでも特に期待されているのが、意欲と能力をもったボランティアの存在です。この資源を安易に利用することで公的な保障が脆弱になっては元も子もありませんが、すでに社会のなかでボランティアが一定の役割を果たしていることも事実です。

　生活相談員は、ボランティアに対するニーズがどこにあるのかを見極め、効果的な支援が受けられるよう努めることが必要です。ボランティアが社会資源として有効に機能するかどうかは、受け入れる側がボランティアと真剣に向き合えるかどうかにかかっています。それには、社会資源という言葉からいったん離れ、人として謙虚で誠実な交流をもとうとする姿勢が大切です。

実習生とボランティアを受け入れる基本的な流れ

〈実習生の受入れ〉

実習前

学校などから「実習生受入れ依頼書」を受けとる。

↓

問題がなければ、契約を締結。年間受入れ計画を立て、指導担当者を決める。

↓

実習生を集めてオリエンテーションを実施する。

↓

実習日程を調整し、実習プログラムを作成する。

実習開始

実習開始に際し、オリエンテーションの内容を再確認し、今後の提出物などについて説明する。

↓

実習に対して指導・観察・援助を行う。

↓

実習日誌などの提出物や実習態度などを評価し、評価表を学校などに送付する。

〈ボランティアの受入れ〉

活動前

事業所内でどのようなボランティア活動が必要かを調査し、必要に応じて広報誌や公的機関を通じて募集する。

↓

随時、ボランティア研修会を開く。

↓

電話などでボランティア希望者の意思を確認する。

↓

オリエンテーションで施設の概要や介護施設における倫理の説明を行い、活動内容、活動日・期間（レクリエーションなどでの単発活動も可）などを決める。ボランティア保険に加入してもらう。

活動開始

ボランティア活動を観察し、必要なアシストを行う。

↓

活動を評価する（単発活動の場合は活動後にミーティングを行う）。

地域連携にかかわる仕事【その3】
地域連携・広報活動を行う
——理想は地域とデイサービスの自発的な連携

> 高齢者に対しては、今後ますます地域全体で見守りながら支援する方向になっていくでしょう。そのためには、地域との連携が不可欠です。

生活相談員には地域との連携を密にするための交渉力が必要

　高齢化社会が進行するなかで、政府は介護が必要な高齢者を地域全体で見守る体制を作ろうと考えており、入所介護から在宅介護に軸足を移すという意味でも、その拠点機能をデイサービスに期待しています。

　具体的には、デイサービスに通っていない日も地域の住民活動などと連携してデイサービスの利用者を支えていくことになります。そのために、生活相談員は地域の活動（自治会活動など）と連携して利用者をサポートしなければならないのです。したがって、デイサービスの生活相談員には、今後はさらに地域との連携を密にするための交渉力が必要になってくるでしょう。

広報活動を通じて事業所の存在や特長を地域に知らせる

　デイサービスと地域をつなぐと言っても、課題ごとに生活相談員が地域の関係者と連絡をとっていればいいというものではありません。最終的には、デイサービスと地域の人々が自発的に交流するようになるのが理想です。そのためには、まず、事業所の存在を地域の人たちによく知ってもらうための広報活動が必要です。地域の広報誌を通じてデイサービスの特長やスタッフを知ってもらったり、地域の人たちから介護に関する相談を受けつけたり、家族のための介護研修会やボランティア向けの研修会を開いたり、夏祭りやフリーマーケットを開催して地域の人たちに参加してもらったりと、方法はいろいろ考えられます。実習生やボランティアを受け入れることも、一種の広報活動です。そうした努力の先に、地域の人たちが自分たちの意思でデイサービスとかかわりをもとうという機運が生まれ、交流の好循環が生まれるのです。

デイサービスと地域との連携

デイサービスは高齢者を地域の人たちと一緒に支える拠点。デイサービスの生活相談員はそのキーパーソンとして、事業所の存在を地域の人たちに知ってもらうとともに、地域の人たちと連携して高齢者を支える中心的な役割を果たします。

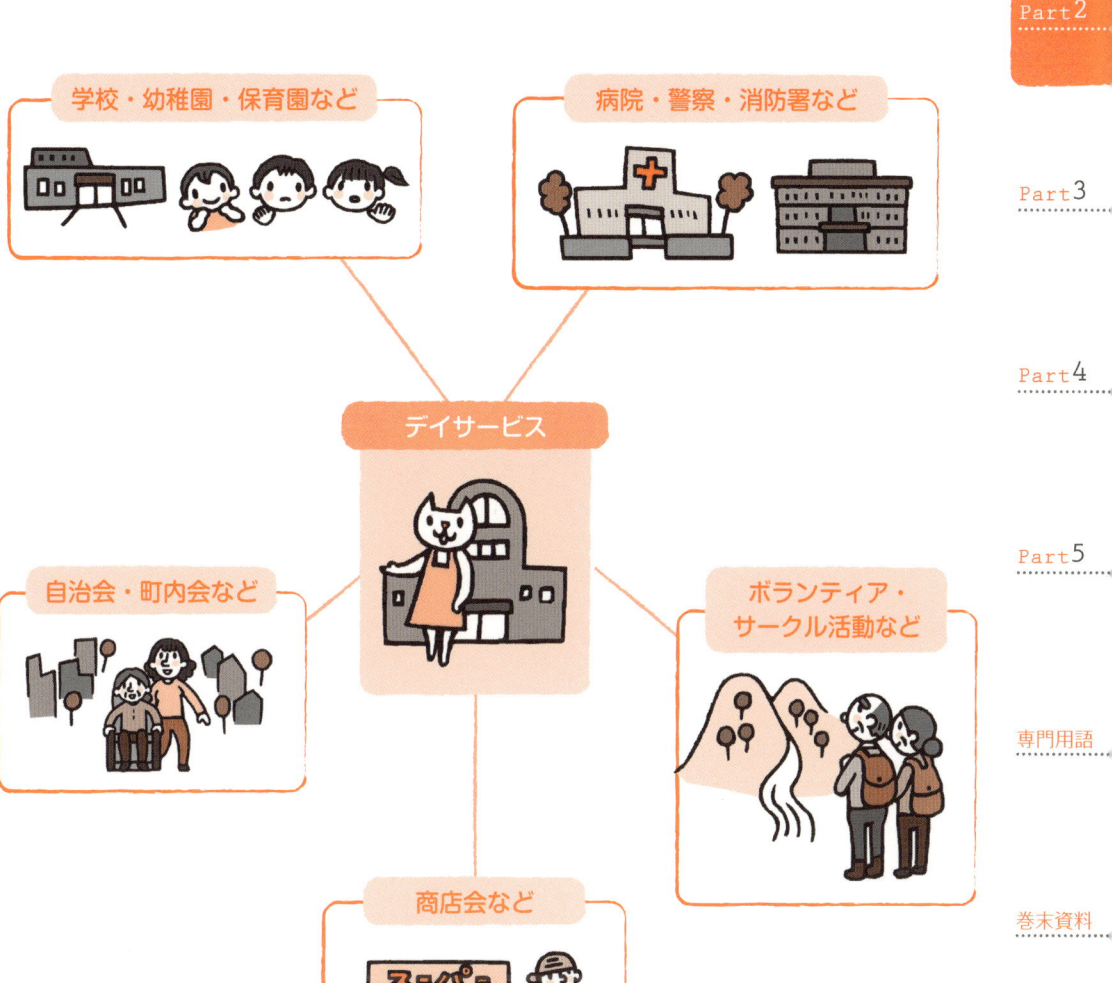

- 学校・幼稚園・保育園など
- 病院・警察・消防署など
- 自治会・町内会など
- デイサービス
- ボランティア・サークル活動など
- 商店会など

column
デイサービスに行きたがらない利用者を、どうやってその気にさせる！？

　デイサービスの生活相談員が頭を悩ませている問題の1つが、"デイサービスに行きたがらない利用者"の存在。これは利用者家族にとっても大きな問題です。

　利用者がすんなり来てくれるようになる魔法のような方法があればいいのでしょうが、ないのが現実。しかも、生活歴も感性も能力も違う利用者がそれぞれの背景を背負っているため、一筋縄ではいきません。だからと言ってずっと拒否し続けるのかというと、行き出したら慣れていくケースも意外に多いのですが……。

　まずすべきことは、行きたくないと思う気持ちをしっかり受け止めること。これは、利用者に対する一種の礼儀だと思います。「知らないところは怖い」、「（物忘れが激しいので）何かあったら恥ずかしい」、「集団のなかで人としてのアイデンティティが無視される」……高齢者のそういった思いを汲みとることで、解決の糸口が見えてくるのではないでしょうか。

　ちなみに、行きたくない理由で多いのが、「あんな年寄りばかりのところには行きたくない」、「幼稚なお遊戯をさせられてはたまらない」といったもの。つまり、"私はあんなところに行くほど耄碌していない"というプライドです。デイサービスは介護が必要な高齢者が集う場所ですから、これを単なる誤解だとは言いきれない部分もあります。ですが、拒否する人たちがデイサービスの別の側面を見逃していることも確かです。

　デイサービスは「誰かに連れて行かれる場所」ではなく、「出かけていって利用する場所」です。"お遊戯"はしたくなければしなくてもよく、食事の心配をせずに過ごせるメリットは大きく、入浴サービスを受ければ家でお風呂に入る面倒がなくなり、機能訓練を受ければ生活動作が楽になり、通うことで家族の負担が減って感謝される。女性では、着ていくものをおしゃれな服に変えただけで行く気になったという話もよく聞きます。前日にスタッフから友人を誘うようなお誘いの電話がかかってきたことで、頑なな気持ちがほぐれていく人もいます。自分で運転していて車酔いする人はいない、要は能動的な気持ちになれるかどうか。生活相談員には、利用者が気持ちを切り替えるきっかけを作ってほしいものです。

Part 3

基本業務以外にどんな仕事があるの？

―― 基本業務以外で生活相談員が担当する可能性のある業務 ――

* *

Part 3では、Part 2で説明した「基本業務」以外に、デイサービスの生活相談員が行う可能性のある主な仕事について説明します。生活相談員として基本業務を行なったうえでこれらの仕事にどれだけの時間を費やすかは、業務の重要度や自分自身の働き方、それに事業所の規模や特性によって違ってきます。柔軟性をもちつつ主体的に判断しましょう。

ただ、デイサービスの生活相談員の仕事は（特に小規模事業所では）、極端なことを言えば、デイサービスのすべての仕事からほかのスタッフの仕事を消去していった残り全部がその対象になると言っても過言ではありません。つまり、優先順位を決めて主体的にかかわろうとしなければ、生活相談員の仕事は流されるままに広く薄くなってしまう、ということです。

このPartでは、基本業務の仕事を整理し、それぞれの仕事に生活相談員として向き合うにはどのような視点をもって臨んだらよいかを明らかにします。

なお、「施設管理者を兼務する場合の仕事」①〜③（事業計画・事業報告、財務管理、人事管理）については、管理者を兼務せず実務に携わらない生活相談員も、概要と状況を把握しておくことが望まれます。

サービス提供にかかわる仕事 ①
利用者の送り迎えと送迎管理を行う

> 生活相談員として送迎にかかわるときは、乗り降りの安全に留意するだけでなく、利用者の様子にも注意を払いましょう。

お迎え時には利用者の1日の始まりの様子を観察する

　送迎は、利用者の様子を事業所内とはまた違った視点で観察するよい機会です。特にお迎え業務は、デイサービスのスタッフにとって、その日の最初に利用者とかかわる重要な仕事。利用者がその1日をどんな状態（体調や精神状態）でスタートさせるのかを知る大事な機会です。家から出てくるときの表情や行動はどうか、普段と違った様子はないか、家族は一緒に家から出てきたかなどを観察することで、利用者の朝の状況を把握することができます。

　また、送迎は、利用者と利用者家族の関係が垣間見える数少ない機会でもあります。送迎時に出合う小さな出来事から、利用者が現在抱えている困難が見えてくることがあるので留意しましょう。

「送迎表」やルートマップを管理する

　送迎の管理には「送迎表」（右ページの表参照）を用います。送迎の前日に、車両名、運転者名、添乗者（介助者）名、乗車する利用者名と到着時間などの予定を記入しておきます。また、「送迎表」は予定表であると同時に送迎時の実態を記録しておく表でもあるので、運転者、添乗者、利用者などに変更があったときは必ずその旨を記入します。

　なお、新規利用者が加わったりして送迎ルートや送迎時間が変わったときは、前もって利用者に連絡して新しい到着予定時刻を知らせましょう。送迎順序や道順を示すルートマップもその都度更新が必要です。送迎の利用者の座席は、乗り降りする順番などを考えて出発前に決めておきます。

送迎時に注意したい観察ポイント

生活相談員が送迎を担当する際には、利用者とスタッフの安全に留意するとともに、利用者の様子を観察する必要があります。ケアマネジャーから申送りがあった利用者や前回の利用時に具合の悪かった利用者については、家族に様子を尋ねるなどの気づかいをしましょう。普段と違うと感じたことがあれば、自分用の「観察ノート」に書いておきます。

迎え

- スタッフのあいさつや声かけに反応したか？
- 利用者の表情は？
- 行くのを嫌がるそぶりはなかったか？
- 体調の悪そうな様子はなかったか？
- どんな服装をしていたか？
- 家族は一緒に出てきたか？
- 家族の様子はどうだったか？
- 外に出てくるまで時間はかからなかったか？
- 乗車時に危険はなかったか？
- 車中で他の利用者と話をしていたか？

送り

- 利用者の表情は？
- 車を降りてから、他の利用者に手を振ったり別れのあいさつをしたりしたか？
- 家族は外まで出てきたか？
- 家族の様子はどうだったか？
- 降車時に危険はなかったか？

送迎表

	お迎え	お送り
コース名		
車両名		
運転者名		
添乗者名		
利用人数		
利用者名および到着時刻	様　（　：　）	

送迎表　年　月　日

サービス提供にかかわる仕事②
ケア業務（入浴・食事・排泄・レクリエーションなど）を行う

生活相談員が介護の仕事を担当する場合は、生活相談員としての姿勢や視点ももちながらケア業務にとり組みましょう。

ケア業務を担当する場合も、生活相談員の姿勢や視点をもって臨む

　デイサービスのメインの業務は、利用者に入浴・食事・レクリエーションなどのサービスを提供し、利用者をケア（介助などを含む介護全般）すること。これは主に介護スタッフによって行われますが、規模の小さい事業所などでは、生活相談員もこの業務を日常的に担うケースが多いようです。ただ、生活相談員は、介護スタッフと同じ仕事をする場合でも、生活相談員としての姿勢や視点をもって臨むことが大事です。ここで言う姿勢は利用者に対するサービスの質を向上させようとする姿勢を意味し、視点は利用者の抱える課題とその解決方法を見つけ出すための視点を意味します。

　生活相談員は利用者に適切なサービスを提供するための「通所介護計画書」を作成・更新する立場にあります。ケア業務を担当する際には、現在行われている介護や介助が利用者にとって最善か、「通所介護計画書」にマッチしているか、ということを意識しつつ観察するようにしましょう。

事故防止の視点で観察することも重要な仕事

　介護スタッフと一緒に仕事をしながら、あるいはスタッフの仕事を見守りながら、介護現場において事故につながりそうな状況がないかをチェックしましょう。事故を未然に防ぐには、ヒヤリハットの予防が不可欠です。ヒヤリハットを未然に防ぐには、フロアに危険な箇所がないかを見て回ったり、スタッフや利用者の動線を点検したりする必要があります。そのためには、常日ごろから利用者の目線や動きを観察して把握しておくことが重要。

　潜在的な危険を回避することは、生活相談員の大事な業務なのです。

ケア業務の際に注意したい観察ポイント

ケア業務に従事したときや、介護スタッフの仕事を見守るときは、ポイントを押さえて利用者の様子を効率的に観察しましょう。普段と違った様子が見られた場合は、どうしてそうなったのか、その理由や背景を探ることも大事です。

食事のシーン

- 普段より食べる量が少なくなかったか？
- 最近、特定のものを残す傾向はなかったか？
- 食事中につらそうな様子はなかったか？
- 茶碗や箸が使いづらそうな様子はなかったか？
- 頻繁に食べ物をこぼしていなかったか？
- 食事中にむせたり、せき込んだりしていなかったか？

入浴のシーン

- 入浴前にふらつきなどの体調不良はなかったか？
- 入浴を拒否していなかったか？
- 脱いだ下着に特段の汚れはなかったか？
- 普段は行わない介助が必要だったか？
- 入浴中に足を滑らせるなどの危険はなかったか？
- 気持ちよさそうに浴槽に入ったか？

レクリエーションのシーン

- 鑑賞型レクで楽しそうな様子を見せたか？
- 演者の声かけに反応していたか？
- 参加型レクに積極的に参加していたか？
- 参加型レクで他の利用者と交流していたか？
- 運動系レクではいつもよりはつらつとしていたか？
- レクを拒否する利用者に無理強いする雰囲気はなかったか？

排泄のシーン

- 尿や便に異状はなかったか？
- 頻尿や頻便はなかったか？
- 排泄中に倒れるなどの危険はなかったか？
- 利用者は尿意や便意のコントロールができていたか？
- 排泄後に手指に便がついていたり、ふいた紙をもってきたりしなかったか？

事故防止の留意点

- 床、手すり、テーブルや物の配置などで、利用者に危険な箇所はないか？
- スタッフや利用者の日常の行動（動線）で、互いにぶつかりそうな場所はないか？
- スタッフミーティングにおける「あそこは危ないから注意が必要」といった意見をきちんとすくいあげているか？

サービス提供にかかわる仕事 ③
給付管理（介護給付費の請求などに関係する業務）を行う

> 多くの事業所が専用ソフトを用いてシステム化しているため、給付業務自体はそうむずかしくありませんが、全体像と現状を把握しておく必要があります。

介護保険の給付費とは？

　給付とは、対象者に金品を支給すること。介護保険では、サービス利用にかかった総費用（限度額範囲内）から自己負担分を除いた額が介護保険から利用者（被保険者）に支払われることを意味します。本来、介護サービスを利用したときにかかる費用は、利用者がサービス提供事業者に全額支払い、あとから自己負担分以外の金額（給付される額）を払い戻してもらうのが原則ですが、その方法では一時的に利用者の費用負担が大きくなるため、手続きが簡略化されています。つまり、利用者は事業者に自己負担分（原則１割、所得によっては２割）だけを支払い、介護保険から支給される給付費はサービスを提供した事業者が受けとる仕組みになっているのです。この給付費を利用者の代わりに請求・受領する業務が、給付管理の主な内容です。

給付費の請求先は、保険者（市区町村）が委託している国保連

　デイサービス事業者が給付費を請求する相手は介護保険の保険者（運営主体）である市区町村ですが、実際には市区町村が業務を委託している国民健康保険団体連合会（国保連）に請求することになっています。また、給付管理業務のなかには、国保連に対する給付費請求の業務だけでなく、利用者への請求書や領収書の発行（自己負担分の支払いは基本的に金融機関口座引落し）も含まれます。

　ちなみに、給付費はよく介護報酬と混同されますが、介護報酬は介護サービスを提供した対価として受けとるサービス費用のことなので、利用者の自己負担額と給付額を合算した金額になります。つまり、まず介護報酬を計算し、そこから利用者に請求する額と給付費として請求する額を算出するというわけです。

給付管理の手順

1. 利用ごとに利用者の実績をデータ入力する。
2. 毎月1～3日に、前月の1日～月末で集計した利用実績を確認する。
3. 確認した利用実績をケアマネジャーに送付する。
4. ケアマネジャーから修正の連絡等がなければ、介護報酬明細書を作成する。
   ※ケアマネジャーとの不整合などで請求に過多や過小があれば、修正後に介護報酬明細書を作成する。
5. できるだけ毎月9日までに国保連に給付費請求のための実績データを伝送する（請求は原則、データ伝送または磁気媒体の郵送を通じて行う）。
   ※国保連の請求期限は毎月10日（伝送は当日24時まで、郵送は当日必着）。
6. 各利用者の前月分の請求書と前々月分の領収書を作成し、送付する（支払いは原則口座引落し）。
   ※介護報酬算定などの業務を手作業で行う場合は、算定方法を厚生労働省のホームページなどで確認。

サービス提供費用（自己負担分＋介護給付）の請求と支払いの流れ

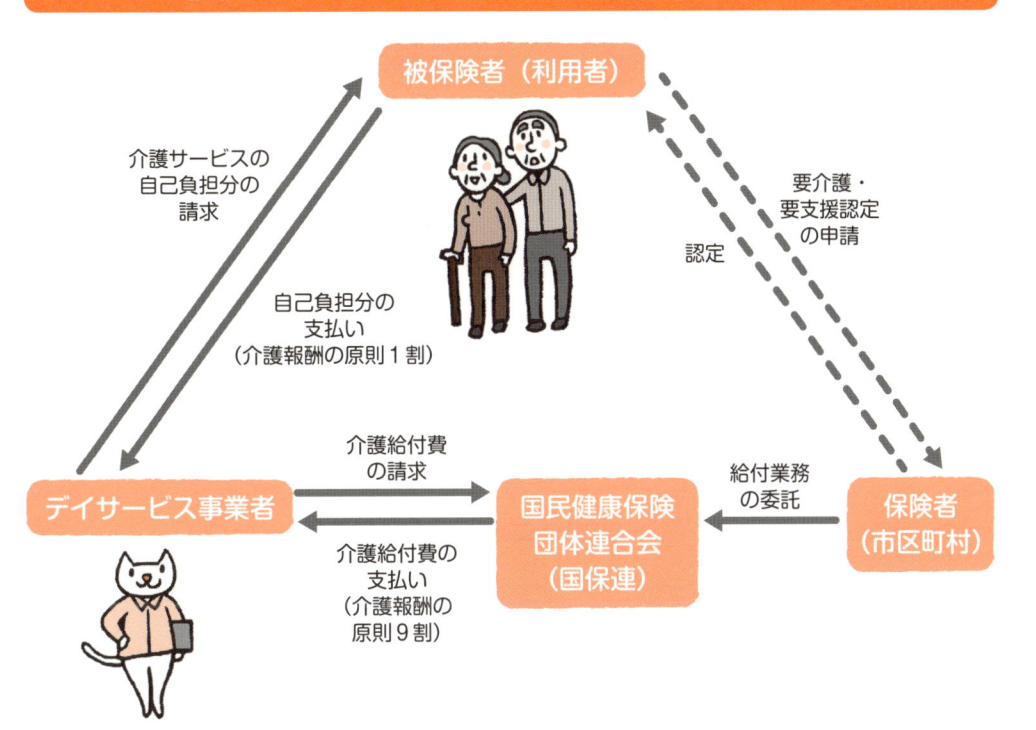

- 被保険者（利用者）
- デイサービス事業者 → 被保険者：介護サービスの自己負担分の請求
- 被保険者 → デイサービス事業者：自己負担分の支払い（介護報酬の原則1割）
- デイサービス事業者 → 国民健康保険団体連合会（国保連）：介護給付費の請求
- 国民健康保険団体連合会（国保連） → デイサービス事業者：介護給付費の支払い（介護報酬の原則9割）
- 保険者（市区町村） → 国民健康保険団体連合会（国保連）：給付業務の委託
- 被保険者 → 保険者（市区町村）：要介護・要支援認定の申請
- 保険者（市区町村） → 被保険者：認定

サービス提供にかかわる仕事④

行事の企画・運営を行う

> サービスが単調にならないように、多くのデイサービスが利用者の気分を盛り上げるような楽しい行事を企画し実施しています。

年間の行事をあらかじめ計画する

　行事については、年度末までに新年度の計画を立て、年間スケジュールを決めておくのが一般的です。計画を立てるときは、「四季の移り変わりを感じる行事（お花見など）」、「利用者やスタッフが互いに親交を深める行事（誕生会やクリスマス会など）」、「地域と連携すると同時に広報活動にもなる行事（夏祭りなど）」、「利用者の遊び心を刺激して元気にする行事（犬棒かるた大会など）」といったように、大きくジャンル分けして考えるとよいでしょう。行事を企画する際には、介護スタッフに意見を述べてもらうとともに、利用者やその家族から要望を聞くことも大事です。

具体的な計画作り

　何をするのかが決まったら、その行事を実現させるために何を決めたらよいかを考えながら「行事計画書」を作成します。計画書に記載するのは、行事名、目的、日時、必要な道具や物品、予算、進行に必要なスタッフの数、などの情報です。計画書とは別に、行事を行うまでの準備スケジュール（いつまでに何をそろえ、いつまでにどこに連絡、など）も決めておく必要があります。また、行事が近づいてきたら、当日の役割分担表やタイムテーブル（進行時間割）などを用意してスタッフ全員に周知。利用者家族も参加可能な行事であれば、早めに知らせましょう。

　行事が終わったら、いろいろな角度から行事の内容を評価します。アンケートなどを実施するのもよいでしょう。そして、利用者は楽しんでくれたか、当初の目的は達成されたか、反省点はどこか、予算は適正だったか、使用した資材などに過不足はなかったか、次年度に向けて解決すべき課題は何か、などについて記録しておきます。

「行事計画書」（事後報告欄つき）の記入例

行事計画書

作成者	生活相談員　◇◇○美	作成日	平成○年○月○日
施設長承認欄	㊞		
行事名	お花見		
行事予定日	平成○年4月○日（月）、4月○日（水）、4月○日（金） ※月水金が利用日にかからない利用者のうち、お花見を希望する利用者には利用日を変更してもらう形で対応する。		
目的	近隣のサクラとレンギョウの花見スポットを巡って、利用者のみなさんに春の風景を楽しんでいただく。		
行事の概要	入浴後、11：30にデイを車3台で出発。サクラとレンギョウの花見スポット（○△通り、◇○公園、□○通り）を巡りながらドライブを楽しみ、最後に○○山公園でお花見弁当を食べながらゆっくりとサクラを観賞する。14：30帰着。		
スタッフ	事業所に残る利用者のための要員を除き、当日出勤の生活相談員と介護スタッフは全員参加とする。		
予算	特製お花見弁当および飲み物　＠○○円×○○名＝○○○○円		
必要な物品	地面に座るためのシート5枚。椅子のほうがよい人のための折りたたみ椅子6脚。		

行事実施後の報告

報告日	平成○年○月○日
全体の評価	天候にも恵まれ、利用者へのヒアリングでは「サクラとレンギョウは色のとり合わせがいい」、「○○山公園は前にもお花見に来たことがあるのでなつかしい」、「外で食べるお弁当はおいしい」など、大変好評だった。スタッフからも、利用者たちと一緒にサクラを楽しむことができたという声があがった。
反省点	いつもより豪華にしたためか、お弁当のトレーが少し大きめだったので、利用者がトレーをもってお箸で食べるのが大変そうだった。
来年への課題	お弁当のごはんを、手にもって食べられるような小さめのおむすびにしたり、お弁当を二段組みのものにしたりするなど、手の力が弱い利用者でも食べやすくする工夫が必要。

サービス提供にかかわる仕事⑤

苦情（利用者・家族、取引業者、近隣住民などから寄せられる苦情）への対応を行う

事業所の運営にはさまざまなトラブルが発生します。苦情処理の対応を間違えると、トラブルがさらに大きくなるので注意しましょう。

最初にクレームを受けたスタッフの初期対応がその後の流れを左右する

　苦情（クレーム）の主はさまざまです。どのような形で、いつ誰が言ってくるかわかりません。ただ、避けられないものだと思ってある程度の準備をしておくことはできます。苦情対応には、場面を想定したロールプレイングが効果的と言われています。

　怒りをもってクレームを言ってくる人に対応する際に重要なのは、スタッフの初期対応です。詳しい内容がわからないうちに卑屈になる必要はありませんが、誠意をもって相手の言い分を聞こうとしなければ、火に油を注ぐ結果になりかねません。まずは、相手が何を訴えているのかを真摯（しんし）に聞きとるようにしましょう。ここで言うロールプレイングとは、怒りをもって事情を述べる相手を想定し、どのような態度で接すれば双方にとってよい結果となるのかのシミュレーションをしておくことを意味します。

事実関係を確認し、できる限り迅速に対応する

　クレームが発生した場合は、状況を確認するために関係するスタッフなどから聞きとりをする必要があります。クレーム主の単なる勘違いか、事業所側に非があるのか……。事実関係を明らかにしなければ、本当の意味での誠意ある対応はできません。相手の勘違いであった場合も、誤解させた原因が事業所側になかったかどうかを一歩引いて考えてみる必要があるでしょう。

　謝罪したり、具体的な解決策を提示したり、相手に何か実害があった場合には補償したりと、クレームへの対応はできる限り迅速に行います。「放っておかれた」という印象は、相手の悪感情を増幅させるだけだからです。また、クレームの原因や経緯を明らかにして、同じようなトラブルが起こらないように努めることも大切です。

「苦情処理報告書」の記入例

苦情処理報告書

報告者	○○◇夫	報告日	平成○年○月○日
苦情申立て人	名前	△○花子	
	住所	○○市○○1-2-3	
	電話番号	080-○○○○○○○○	
	E-mail アドレス	○○○○@○○○○○○○	
申立て人区分	利用者・利用者（△○一郎）家族・取引業者・近隣住民・その他（　　）		
苦情受付日時	平成○年○月○日	応対者	生活相談員　○○◇夫
苦情内容	1ヵ月ほど前に、たまたま天気もよかったので父と一緒に自宅から8mほど先の広い道まで出て送迎車を待っていたことがあった。以前は玄関前に送迎車をつけてくれたが、わが家の前の道は狭くて車が入りにくいためか、それ以来、車はいつもそこに停車するのが当たり前になってしまった。また、前のように玄関前に停めてほしい。		
苦情方法	△○様の携帯電話より事業所事務室に電話があり、生活相談員である私が対応した。		
苦情対象関係者	送迎にかかわる全スタッフ		
対応	「ご不便をおかけしたようで、申し訳ありません。送迎スタッフに確認して、折り返しご連絡を差し上げます」と返答した。送迎スタッフ全員に確認したところ、「いつの間にか、そのように変わってしまっていた」とのこと。「送迎時は利用者様のお宅の玄関前で乗降するのが基本であるにもかかわらず、こうした慣習が出来てしまったのは、当事業所の不手際です。申し訳ございませんでした。今後、このようなことのないよう送迎スタッフ全員に周知徹底いたします」と謝罪したところ、「これからもよろしくお願いいたします」とのお返事をいただいた。		
経費	なし		

サービス提供にかかわる仕事⑥
事故対応を行う

> 事故対応は、事故を起こした当事者（スタッフ）が行い、「事故報告書」を作成するのが基本ですが、生活相談員はそれをチェックする立場にあります。

発生時の対応と「事故報告書」の作成

　高齢者の集まるデイサービスでは、常に事故が起こる可能性があります。その際、もっとも重要なのは発生時の対応です。事故が起こったときに、事故の当事者をケアしていたスタッフまたは近くで事故を目撃したスタッフがとるべき行動は、①「当事者の身体状況を確認する」、②「必要なら、応急処置を施す」、③「必要なら、救急車を呼ぶ」、④「医師や看護師の指示を仰ぐ」、⑤「必要なら、医療機関に連れて行く」、⑥「家族に連絡する」。これらと並行しながら、上司に状況を伝えます。

　事故の対応にいったん区切りがついたら、「事故報告書」を作成。これには、被害の状況、発生後の対応（経緯）、考えられる原因、家族への対応と家族の意向などを記録します。

再発防止への視点も不可欠

　「事故報告書」においては、事故の状況を明らかにし、事故の直接的な原因を究明するだけでは不十分。直接的な原因の裏に、それを誘発した間接的な原因が隠れている可能性があるからです。「事故報告書」で重要なのは、再発防止のために作成される側面もあるということ。報告書は、大元の原因に言及し、それを防ぐための検証を行なってはじめて再発防止の役に立つのです。

　また、事故が過失によって起こったものであれば、責任の所在を明らかにすることも大事です。事故をとり巻く環境や状況を冷静に観察・分析して、公平な目で記録しましょう。高齢者の過失によって事故が起きたように見える場合もありますが、本当の原因がどこにあるのかを注意深く分析する必要があります。

「事故報告書」の記入例

事故報告書

報告者　△□○子　　所属　○○○

利用者氏名	○○◇子		介護度	要支援1・2　要介護1・②・3・4・5
性別・年齢	男性・**女性**　（80）歳		認知症症状	**軽**・中・重・なし
発生日時	平成○○年　○月　○日（金）　時刻　10：55			
発生場所	浴室			
発見者	△□○子			
発生時の状況	体を洗って浴槽につかり、浴槽から出て歩き出そうとしたところで、少しふらついて尻もちをついた。その際に右手をタイルの床について体をかばったらしく、「右手の手首が痛い」との訴えがあった。			
発生時の対応	座り込んでいるところに行き様子を尋ねると、「尻もちをついた。頭は打っていない」という答え。「ほかは大丈夫ですか？」と聞くと、「ええ。でも右手首が痛い」との返事。バスタオルで体を被い、左の手をとってゆっくり立ち上がってもらい、脱衣所で着衣を手伝ったあと、談話室のソファーに腰かけてもらった。看護師に状態を確認してもらうと、念のため病院でレントゲンをとったほうがよいとのこと。生活相談員のYさんと私で、病院に連れて行った。幸い、骨にヒビが入るなどの異状はなかった。		介護中	**はい**・いいえ
			ナースコール	**有**・無
報告レベル	0(ヒヤリハット)・1(被害なし)・2(痛みなどの変化あり)・③(受診)・4(入院)・5(死亡)			
発生前の状況と考えられる事故原因	私△□は浴槽の近くで別の利用者の洗髪介助をしていた。普段から気をつけてはいるが、シャンプーを流したお湯が浴槽の近くへ流れて、○○さんがそれで滑ったのかもしれない。利用者が浴槽から出るときは、石鹸水などで滑りやすくなっていないか、さらなる安全確認を心がけたい。また、○○さんについては、浴室を出てから洗い場の椅子に腰かけるまで介助する必要があると感じた。			
家族への対応　**有**・無　同居の長女に電話で報告	報告時刻	当日11：50に留守電にメッセージで簡単に報告。14：00に電話がかかってきたので事情を説明。お送り時に、ご家族と直接会って細かく説明した。		
	連絡者	△□○子		
	報告内容	浴槽から出たところで、尻もちをつき、体をかばおうとして右手を床についた。病院で検査したところ、腰にも手首にも異状はなかった。痛みは一両日中に消えるだろうという医師の所見を伝えるとともに、事故時の見守り不足を謝罪した。		
	家族の意向	「わかりました。お世話になりました」とのお返事と、「足がだいぶ弱ってきたので、今後は転倒に気をつけてください」というご注意をいただいた。		

063

施設管理者を兼務する場合の仕事①

事業計画を作成し、事業報告を行う

事業計画はデイサービスの羅針盤。施設管理者は、スタッフ全員に事業計画の内容を周知して実践できるようにすることが大事です。

事業計画には「こんなデイサービスにしたい」という思いを盛り込む

　年度ごとに作成される事業計画はデイサービス運営の拠り所となる大切なものなので、「こんなデイサービスにしたい」という思いを理念や目標の形で盛り込むことが大事です。事業計画の項目は事業所によって異なりますが、主要な項目は「運営方針」、「事業方針」、「事業目標」、「年間行事計画」、「職員研修計画」、「専従スタッフの業務方針」であり、前年度の事業計画の達成状況やスタッフの意見を参考に作成します。

　事業計画に記載された内容に基づいて、スタッフが業務を実践。そして、実践されたことが事業計画どおりだったのか、実情に即したものだったのかが定期的にチェックされ、その結果が次年度の事業計画に活かされます。事業計画は、このようにして毎年ブラッシュアップされることで質が上がり、その事業所に本当に必要とされる計画となるのです。確定した事業計画は、スタッフ全員でよく読んでおきましょう。

事業計画や事業報告は組織内の意思決定機関で承認を受ける

　事業計画はその事業所が属する組織の意思決定機関に提出し、承認を受ける必要があります。まずは事業計画案を提出し、それに対して修正などの指摘があればそれを反映させて承認を受ける、というのが一般的な手順です。意思決定機関は事業所の組織形態などによって異なりますが、理事会、取締役会、株主総会などを指します。

　次年度の「事業計画書」は新年度が始まる前に作成して承認を受けなければなりません。また、計画が遂行され、その後、事業計画の内容が検証されたら、意思決定機関に「事業報告書」を提出して事業報告を行います。この報告書は、年度が終了したあと作成されることになります。

事業計画の主な項目

事業計画の主な目的は、どんな方針のもとで、どんな目標を掲げて、どのようにそれらを実践するかを明らかにすることです。下記以外の項目で明文化しておきたいもの（「1日の基本業務」、「防災計画」、「委員会・会議一覧」など）があれば、それも盛り込みます。事業計画は、スタッフが意見を出し合って決めるのが理想です。

運営方針（理念）

どのような思いを込めて利用者にサービスを提供するのか、デイサービスをどんな理念で経営しようとしているのか。

事業方針

運営方針に基づいてデイサービスを運営するために、利用者に対しどのようなサービスをどのような仕組みで提供するのか。

安全　チームワーク　充実したサービス

事業目標

特に重点目標にしたいこと（たとえば、「院内感染の防止」や「利用者のQOLの向上」など）を記す。

院内感染の防止

年間行事計画

月ごとの行事名と行事概要などを年間の表にまとめる。

専従スタッフの業務方針

介護、看護、機能訓練など各部門の業務方針を、スタッフの意見も聞きながらできるだけ具体的に書く。

職員研修計画

予定している研修名や研修目的・概要を表にまとめる。

施設管理者を兼務する場合の仕事②
財務管理（予算・決算・収支管理など）を行う

> 財務管理は運営の基本です。この業務に実際に携わっているかどうかにかかわらず、生活相談員は「決算報告書」などをよく見て財務状況を把握しましょう。

予算、会計処理、決算の基本的な流れを把握しておく

　予算や決算については、ほとんどの事業所が専従の会計部門や外部の専門家に任せているでしょうが、施設管理者は、予算、会計処理、決算の基本的な流れを把握しておくことが必要です。

　施設管理者は予算を立て「予算書」を作成しますが、そのためには事業計画や前年の「予算書」とその執行状況を参考に、次年度の収入や支出をすべて算出しなければなりません。年度の途中で実際に見込まれる額が予算を大きく上回ると予想された場合は、補正予算を組んで修正。年度が終了したあと、「決算報告書」を作成します。

運営がうまくいくかどうかは、売上げと経費のバランス管理で決まる

　デイサービスの売上げとは、利用者にサービスを提供することで得る介護報酬のこと。利用者がどれくらい集まるか、各利用者がどのようなサービスを利用してくれるかで決まってきます。施設管理者は、事業所を順調に運営するために、毎月の売上げと経費のバランスをチェックし、売上げを増やす努力をすることが必要です。生活相談員が管理者を兼務する場合には、ケアマネジャーとの連携をより密にして良好な関係を築くなかで、事業所のセールスポイントやサービスの質の高さをアピールし、ケアマネジャーの事業所に対する信頼を高めるようにしましょう。

　経費（人件費や家賃、給食食材費、水道光熱費、送迎車ガソリン代などの車両費、消耗品費、通信費など）については、特に変動費を細かくチェックする必要があります。無駄な経費はないか、一方で必要なところにきちんと支出されているかを、コスト意識をもってチェックすることが大切です。

デイサービスの収入と支出

施設管理者を兼ねる生活相談員は、デイサービスの収入と支出の概要を把握しておくことが大事です。収支の内訳をチェックして、コスト意識をもつようにしましょう。

主な収入

介護報酬（利用者の自己負担額＋保険給付額）
介護報酬は、利用者にサービスを提供した対価として受けとる収入のことです。

主な支出

- **人件費**
  スタッフの給料など
- **賃貸料**
  建物などを借りている場合の家賃・地代
- **給食食材費**
  材料費、調味料代など
- **水道光熱費**
  水道料金、電気料金、ガス料金など
- **通信費**
  電話料金、切手代など
- **車両費**
  ガソリン代、点検整備代、修理代、車検代など
- **旅費交通費**
  電車賃、タクシー代、宿泊費など
- **修繕費**
  建物の修理費など
- **消耗品費**
  文具、トイレットペーパー、10万円未満の備品などの購入費
- **保険料**
  火災保険料など

施設管理者を兼務する場合の仕事③

人事管理（採用、研修、勤怠管理など）を行う

> デイサービスの質は介護スタッフの質にほかなりません。施設管理者はスタッフの配置や勤務状況を把握して適切に管理する必要があります。

介護スタッフを採用したら、育てることが大切

　デイサービスの人事管理の主な業務は、「スタッフを採用する」、「採用したスタッフを育てる」、「スタッフの勤務状況を管理する」の3つです。施設管理者を兼ねる場合は、スタッフの求人・書類選考・面接・採用に中心的にかかわるため、事業所にとってどういう人材が望ましいのかを普段から意識しておく必要があります。それには、現場スタッフと日々交流している生活相談員の視点が役立つはずです。

　採用後にスタッフを育てていくことも人事管理者の重要な仕事です。スタッフの教育では、研修が重要な役割を果たします。介護スキルの向上、利用者のプライバシーを保護する意識の向上、体調急変や事故などの緊急時の対処方法など、研修内容はさまざまです。スタッフの質の向上を図るためにどのような教育をしたらよいのか、スタッフからの要望もとり入れながら有益で充実した研修計画を立てましょう。

スタッフの信頼を得るには公平な勤怠管理が大切

　勤怠管理とは、スタッフの勤務状況を把握し管理すること。各スタッフの出勤状況はどうか、シフトなどに偏りはないか、スタッフの過重労働はないか、などをタイムカード、出勤簿、シフト表などによって適切に管理することが、スタッフの信頼を得ることにつながります。シフト表を作成する際には、スタッフの要望や事情を考慮しつつ、不公平が生じないように注意しましょう。

　また、勤怠管理関係の記録は、労働基準法や介護保険法の下でスタッフが適正に働いていることを示す証となるものなので、出勤簿や勤務形態一覧表、残業・休暇にかかわる記録などを、普段から整理・保管しておきましょう。

デイサービスで行われる研修の例

デイサービスの質を向上させるには、スタッフの知識・技術の向上や意識の変革が欠かせません。どのタイミングでどんな研修を行えばよりよいデイサービスになるのか……。研修の中身をよく吟味し、外部研修を利用することも含めてそれらを適切に実施しましょう。

介護スキル
基本的な各種介助の実技などを学ぶ。

認知症高齢者の介護スキル
認知症ケアの基本スキルを学ぶ。

利用者のプライバシー保護
基本的なルール、事例、注意点などを学ぶ。

利用者急変による緊急時対応
具体的な事例と対処方法を学ぶ。

介護記録の書き方
記録の目的や観察の要点、書き方のポイントなどを学ぶ。

感染症予防
感染症の種類や経路、発生時の対応、予防法などを学ぶ。

食中毒対策
感染経路や発生時の対応、日常の注意点などを学ぶ。

施設管理者を兼務する場合の仕事④
防災対策を講じる

防災対策では、災害時に利用者をどのように守るか、スタッフはどう行動するのか、どんな防災用品や備蓄品が必要か、などを考えておきます。

防災計画を立てておく

東日本大震災のような大災害が再び起こる可能性が高い日本のデイサービス事業所にとって、防災対策は必要不可欠です。デイサービスでは、災害発生時に利用者の安全を守るだけでなく、利用者を家族に引き渡すまで安全を確保しなければなりません。一人暮らしの利用者や家族が遠方に住んでいる利用者については、安全が確保できるまで暫定的な保護措置をとらなければならない場合もあるでしょう。

たとえば地震では、発生時の対応の仕方（利用者やスタッフの身の守り方、火の元点検や初期消火の方法など）、発生から数日後までの対応の仕方、緊急連絡先一覧、避難マニュアル（役割分担、持ち物、経路など）などを記した防災計画を、地域の防災計画なども参考にしながら作成し、その内容を全職員に周知しておきましょう。

屋内の安全対策や備品整備などを万全にしておく

災害時に利用者のほとんどが要援護者となるデイサービスのような高齢者福祉施設では、どれだけ準備をしても多すぎるということはありません。消火器などの点検を定期的に行い、非常持出し袋や災害時用備品（水、食糧、非常用燃料、発電機、毛布、ラジオ、懐中電灯、介護用品、衛生用品など）を保守点検するなど、日ごろから備えを万全にしておきましょう。また、事業所内の危険箇所を点検し、転倒しやすい家具などがあれば転倒防止器具を設置することも大切です。

ただし、いくら万全の備えをしていても、災害時には予測不能な事態にならないとも限りません。マニュアルに従いつつ、現場の状況に合わせて臨機応変に安全確保や救助を行うようにしましょう。

地震などの大災害時に備えて準備しておくべき主な事柄

発生時の初期対応ルールの確立
身の守り方や火元点検などのルールを作る。

緊急連絡体制の整備
緊急連絡先のリスト、スタッフの指揮系統、スタッフや利用者の安否確認体制、家族への連絡体制などを整備する。

避難体制の整備
役割分担、持ち物、避難経路などを決めておく。

情報収集方法の確立
行政などの災害情報を入手する手段を確立する。

事業所を避難所とする場合の体制の整備
帰宅困難な利用者・スタッフ・近隣勤労者などへの宿泊や食事提供の体制を作る。

主要な非常用物品の備蓄と定期点検

・非常用持出し袋
・災害時の必需品（水、食糧、医療品、介護用品など）
・災害用備品（非常用燃料、カセットコンロ、毛布、発電機、停電時用医療機器、ラジオなど）

071

column

地域における高齢者支援とプライバシー保護

　年をとると、体が思うようにきかなくなる人もいれば、認知症になる人もいます。人づきあいが苦手で孤立感を感じる人もいれば、老いていく寂しさを心の奥に抱えて生きている人もいます。もちろん、年をとっても明るく元気に生きている人はたくさんいますが、何かしらどこかしらが弱ってくることは避けられません。

　そうした高齢者を地域で支えるために、現在、さまざまな仕組み作りが進んでいます。高齢者を地域ぐるみでサポートする地域ケア会議や、認知症の高齢者を転ばぬ先の杖となって支える認知症初期集中支援チームなどもその一例です。地域が連携してそこに住む高齢者を支える……。多くの人が高齢者を支える体制を作ることは、高齢者にとって大変心強いことです。

　ただ、逆に注意が必要になるのが、「プライバシー保護」の問題。もちろん、厚生労働省からは「医療・介護関係事業者における個人情報の適切な取扱いのためのガイドライン」という長い名前の指針も出ており、基本的に介護の世界でのプライバシーは守られているはず。情報を開示するときは、本人や家族の同意を得るといったルールも定着しているでしょう。

　でも、高齢者の支援体制が地域全体に広がり、助ける人が多くなればなるほど、必然的に助けられる人の情報は拡散していきます。そのうえ、プライバシー保護について言いたいことがあっても、助けられる側は助けてもらっているという意識からどうしても遠慮がちになるもの。ただでさえ弱者という立場になりやすい高齢者を、さらに「プライバシー弱者」にさせないために、地域においても個人情報保護のルールをきちんと作ってもらいたいものです。

私のプライバシーは？

Part 4

生活相談員の仕事をレベルアップさせるにはどうしたらいいの？
―― 利用者へのサービスを向上させる11の方策 ――

****

Part 4では、生活相談員の基本業務のなかで、介護サービスを継続的に向上（スパイラルアップ）させていく11の方策をご紹介します。

デイサービス生活相談員の主な業務は、利用者へのサービス提供を管理する業務と相談業務です。それについては、Part 2に書かれたことをきちんと実行すれば、一応の責任を果たすことができます。

日常のなかでそうした業務がうまくこなせるようになったら、もう少し欲を出してみませんか？　利用者へのサービスをスパイラルアップさせていくために、プラスαで何ができるかを考えてみるのです。ただし、これについてはあっと驚くような秘策があるわけではありません。ですが、ここに示すような地道な方策を持続的に実践していけば、着実にサービスのレベルを向上させていくことができます。

生活相談員としての自覚やプライドは、自分が納得できるような仕事をしていくなかで生まれ確立されていきます。利用者や家族、スタッフなどから何かを相談されたときに、自分の経験に基づいて自分の言葉で答えられるようになれば、仕事に対する自信が生まれ、それがプライドとなっていくのです。

このPartの最終目的は、ここに示した方策を実践するなかで、それらを自分流にカスタマイズ（調整・変更）し、生活相談員としてさらなるレベルアップを図っていただくことにあります。

①アセスメントを より効果的なものにする
――「潜在的課題」がキーワード

> アセスメントは現状を把握するための作業ですが、そこには表面に出ていない隠れた課題と将来的に起こり得る課題を発見する視点も必要です。

通常の会話だけではわからない「隠れた（潜在的な）課題」

　アセスメントは、基本的に利用者や家族との会話のなかから現在抱えている課題（困り事や要望）をすくい上げる作業。「今、こうしたことに困っている」とか「こんな生活が送りたい」という意見をきちんと捉えることが大切です。ただ、それだけですべての困り事や要望が明らかになるとは限りません。きちんと言葉にして訴えられるもの以外に、隠れた困り事や要望があるケースが多いからです。

　特に問題になるのは表面に出にくい悩み。きちんと言葉にできない（あるいは言いたくない）分、根が深いと言えるでしょう。そうした困り事をすくい上げるには、「利用者には隠れた困り事や要望がある」という前提で、ふと漏らした言葉やしぐさ、表情、日常の動作、家族関係の雰囲気などを注意深く観察する必要があります。

将来起こり得る（潜在的な）課題の予兆を探す

　アセスメントを行うときは、今の生活のなかに隠れている課題をすくい上げるとともに、近い将来に起こり得る課題（困り事や要望）を見つけ出すことも大切です。高齢者では、今日できたことが短期間のうちにできなくなることも多く、周囲が気づかないうちに心を閉ざしていくようなケースもあるからです。

　そうした将来の課題は、現状から発生が予測できるものもありますが、まったく予想外の課題が生じる場合もあります。ただ、予想が困難な課題であっても、よく観察してみれば、今の生活のなかにその予兆や片鱗が見つかることが多いもの。こうして近い将来起こり得る課題を見つけることができれば、それを「通所介護計画書」に予防的ケアとして反映させることで"先手の介護"を実現することができるでしょう。

利用者の様子や家族との関係から見えてくる潜在的課題

アセスメントでは、通常の会話からは見えにくい潜在的な課題を見つけ出すことが重要。ふと漏らした言葉やしぐさ、表情、日常の動作、家族関係の雰囲気などから、下図に示すような潜在的な困り事や要望を見つけることが大切です。

- 家事が面倒で家では食事らしい食事をしていないのを、恥ずかしく思っている。
- 歩行能力が低下してきており、この先骨折などの事故が起こる恐れがある。
- 家族の虐待やネグレクトなどが隠れている。
- 認知機能が低下してきているため、いずれ徘徊行為などが起こることが予想される。
- 体調を崩すことが多いが、人から聞かれると「元気」と答える。
- 見捨てられ不安が強くなってきており、老人性うつ病などを発症する可能性がある。
- 争いを見せないようにしているが、デイサービスに行く行かないで家族とよくケンカしているようだ。

②最適な「通所介護計画書」を作り上げる

——ケアマネジャーのケアプランを現場に即した具体的な計画へと進化させる方法

> 事業所の強みと利用者の要望をマッチさせることと、予防介護的なサービスを組み入れることがポイント。

事業所の強み（長所）を活かして利用者の要望をできる限り満たす

「通所介護計画書」のなかで、事業所らしさを表現できるのが「サービス内容」の欄。でも、実際には意外に当たりさわりのない記述が多いようです。この欄で、事業所の長所（食事がおいしい、果樹や菜園がある、趣味や特技をもつボランティアが多い、など）と利用者の興味・好奇心やしたいことをマッチさせることができれば、「通所介護計画書」はよりリアルで利用者の要望を満たすものになるはずです。

たとえば、一日体験で食事がおいしかったことが利用の決め手になった一人暮らしのEさんは、家での食事が手抜きになりがち。サービス内容に、「食事に期待していらっしゃるようなので、食べた感想や食べたい物のことを会話に盛り込んで食事を楽しい時間にする」、留意事項に「新潟出身とのことなので、ときどきのっぺい汁などの郷土料理を献立に入れる工夫をする」といったことを記すとよいでしょう。

予防介護的なサービスを入れることで「通所介護計画書」の価値を高める

利用者の心身の機能低下を予防するためのケアを具体的に盛り込むことで、「通所介護計画書」の価値を高めましょう。たとえば、予防ケアに利用者にも親しまれるような名前をつけ、「筋力低下予防のために午前中に『どっこいしょ体操（椅子からの立ち上がり＋足の踏ん張り動作）』を5分間行う」といったことを「サービス内容」に盛り込むのも1つの方法。認知症予防にもなる「なんだっけ？かるた」、子どものころの遊びを通じて心身機能を活性化させる「昔っ子倶楽部」、足腰の弱い利用者の筋トレとして椅子に座ったまま音楽に合わせて手足をぶらぶらさせる「ブラダンス」など、利用者の興味を引きそうな予防ケアのレパートリーを増やしましょう。

「通所介護計画書」に個別ケア・予防ケアを具体的に記述した例

「サービス内容」に事業所の長所と利用者の要望をマッチさせた個別ケアや覚えやすい名前をつけた予防ケアを組み入れることで、「通所介護計画書」の価値を高めましょう。

●事業所の庭に果樹や菜園があるという長所と利用者の趣味とのマッチング

短期目標	期間	サービス内容	留意事項
日常動作を向上させる。	H○／○ 〜 H○／○	Yさんは定年退職してから2年前まで市営農園を借りて野菜作りを趣味にしていた。デイの菜園での農作業に積極的に参加してもらい、できれば指導もしてもらう。	2年前に奥さんを亡くしてから農作業から遠ざかっている。野菜作りへの参加で体力と気力を回復してもらう。

●特技や趣味をもったボランティアが多いという長所と利用者の趣味とのマッチング

短期目標	期間	サービス内容	留意事項
レクリエーションなどを通じて他者と楽しく交流する。	H○／○ 〜 H○／○	Pさんの趣味は将棋だが、なかなか相手が見つからないためここ数年楽しむ機会がなかったという。デイには将棋が趣味の男性ボランティアがいるので、ほかの利用者がおしゃべりなどして過ごす時間に将棋の相手をしてもらう。	Pさんは東京浅草の生まれ。普段無口なPさんが話の糸口を見つけやすいよう、古きよき東京の思い出を話題にするように心がける。

●認知症の利用者に対する予防ケアの例

短期目標	期間	サービス内容	留意事項
認知症の進行を抑える。	H○／○ 〜 H○／○	Wさんは子どものころのことは比較的よく覚えているので、「昔っ子倶楽部」に参加してお手玉、おはじき、あやとりなどを楽しんでもらい、心身の活性化を図る。失敗を恥ずかしがらない明るい性格なので「なんだっけ?かるた」にも積極的に参加してもらう。	Wさんは子どものころ大阪に住んでいたので、大阪出身のスタッフ△△さんに関西弁で話しかけてもらうようにする。ときどき大阪の話題で楽しく会話するよう工夫する。

③「フェイスシート」を随時更新して活用する
――「フェイスシート」は介護のカルテ

「フェイスシート」を最初に書いたままにしていませんか？「フェイスシート」は介護のカルテ。利用者の変化に合わせて随時更新して活用しましょう。

利用者の健康状態や家族状況に変化があったら「フェイスシート」を更新する

　デイサービスのケアは、利用者の健康状態や家族状況を知らずに行うことはできません。ですから、利用者の健康情報や家族情報を記入した「フェイスシート」は常に更新しておく必要があります。利用開始時にケアマネジャーが作成した「フェイスシート」を大元の台帳として、デイサービスでその情報を随時更新していくのです。

　慢性疾患が進行して体調が悪くなったり、処方薬が変わったり、ケガをしたり、家族構成が変わったりしたときは、情報を書き加えましょう。投薬については、「おくすり手帳」などをコピーさせてもらって一緒に保管します。「フェイスシート」を適切に更新するには、病気や薬に対する知識が不可欠です。高齢者に多い慢性疾患や薬（用法、効果、副作用など）に関する研修を実施することも検討してみましょう。

「フェイスシート」は使うためにある

　「フェイスシート」は、利用者の健康状態だけでなく、その人の人生も垣間見える貴重な資料。デイサービスを利用するまでの経緯や病歴、生活歴なども記されているからです。「フェイスシート」を使わずに介護を行うのは、医師がカルテなしで診療するようなものです。特に、過去の世界に生きていると言ってもよい認知症の利用者では、「フェイスシート」に書かれていることのほうが、今の生活よりリアルかもしれません。「フェイスシート」で知った情報を利用者との会話のなかにさり気なく織り込めば、利用者は自分のことを知っているスタッフに親近感を覚え、表情を明るくするでしょう。話をしながら、その利用者がどんな話題に反応するのかを探り、利用者の今の気持ちがもっと生き生きするよう工夫を重ねていきましょう。

「フェイスシート」を更新するタイミング

以下に示すようなことが起こったら、「フェイスシート」の情報を更新しましょう。

●慢性疾患が進行したとき

ポイント
たとえば、糖尿病で合併症などを起こしたときは必ず記録しましょう。

●服用している薬が変わったとき

ポイント
新しい薬がどのようなものか、「おくすり手帳」をコピーさせてもらうなどして適宜記録しましょう。

おくすり手帳

●ケガをしたとき

ポイント
ケガの状況や回復までの経緯を簡潔に記録しておきましょう。

●大きな病気にかかったとき

ポイント
心身の状態に変化をもたらすような病気や再発の恐れがある病気は必ず記入しましょう。

●介護者や緊急連絡先が変わったとき

ポイント
緊急連絡先だけでなく、主介護者や副介護者が変わったときも更新しましょう。

●同居の家族構成が変わったとき

ポイント
家族の誰かが亡くなったり、別所帯をもったりしたことがわかったら、情報を更新しましょう。

④「モニタリング表」を改良する

――評価の精度向上と満足度の向上・バランス化がキーワード

> 「モニタリング表」を事業所の実情に合わせて改良することで、モニタリングの精度を高め、利用者と家族の満足度をバランスよく向上させましょう。

評価の精度を高めるために「モニタリング表」を改良する

　モニタリングとは、実際に提供したケアの内容と介護計画書の内容とを照らし合わせて、計画どおりにサービスが提供されているか、それで課題が解決しているか、利用者や家族は提供されたサービスに満足しているか、などを評価する作業です。

　評価の精度をより向上させるために、現在使っている一般的なモニタリング表を改良してみませんか？　一度手を加えてみると、そこからまた"こうしたらもっと使いやすいのでは？"というアイディアが湧いてくるはずです。評価内容をきめ細かく整理することで、精度が高まるだけでなく、作業の効率化も図れます。

利用者と家族の満足度の向上とバランス化を図る

　モニタリングでは、提供したサービスに対する利用者と家族の満足度の評価も行いますが、その目的は満足度をさらに向上させること。ただし、利用者と家族の満足度が食い違うケースもあるため、モニタリングの満足度の欄は両者の満足度が区別できる形式にします。それは、利用者と家族の満足度に差が出た場合に、その理由を考察できるようにするためです。

　介護ケアは、利用者本人の満足度が最大になるように行うのが基本ですが、利用者と利用者家族の満足度に違いが生じた場合は、利用者の満足度だけを優先するのはなかなかむずかしいでしょう。両者の満足度のバランスをどうとるのか……。生活相談員は、利用者と家族がおかれた状況を考慮しつつ、利用者のメリットを第一に考えながらも家族が過剰な負担を負わないよう配慮し、両者の満足度のバランス化を図る必要があります。

改良した「モニタリング表」の記入例

モニタリング表

記入者：生活相談員　○○太郎

フリガナ 利用者氏名	生年月日	年齢・性別	要介護度	慢性疾患	記入日
○△□コ ○△□子	S○年○月○日	○○歳 男性・**(女性)**	要介護2 （認知症の症状：軽度）	高血圧 糖尿病	○年○月○日

短期目標	サービス内容	実施状況	有効性	満足度 ※5が最高	所見	今後の対応
レクリエーションやおしゃべりを通じて他の利用者と楽しく交流する。	レクリエーションや趣味のカラオケなどの活動を支援する。	1・2・3・**(4)**・5	1・2・3・**(4)**・5	本人コメント：楽しいいる様子なので満足。1・2・3・**(4)**・5／家族コメント：母が気に入っているカラオケは特に1・2・3・4・**(5)**	運動系レクリエーションへの参加がやや消極的。	見直し **(継続)** 中止 その他
転倒やケガを予防し、歩行機能を改善する。	理学療法士による歩行リハビリや下肢の筋肉マッサージを行う。	1・2・3・4・**(5)**	1・2・3・**(4)**・5	本人コメント：マッサージは気持ちがよい。1・2・3・**(4)**・5／家族コメント：家ではできないので満足。1・2・3・4・**(5)**	機能訓練のあとはだいぶ歩行が楽になる様子。	見直し **(継続)** 中止 その他
利用回数を週4回とすることで、家族の介護の負担を軽減する。	利用者が喜んで来所してくれるようなサービスを提供する。	1・2・3・4・**(5)**	1・2・3・4・**(5)**	本人コメント：週2、3回がいい。1・2・**(3)**・4・5／家族コメント：自分の時間もてるので助かっている。1・2・3・4・**(5)**	帰りたがることもなく穏やかに過ごしている。	見直し **(継続)** 中止 その他

身体状況	心理状態	日常の表情	認知症の症状	家族の負担感
不良←1・2・3・**(4)**・5→良 前回との比較：足が少し弱ってきたようだが、全般的に元気。	不良←1・2・3・**(4)**・5→良 前回との比較：変わらず落ちついている。	暗←1・2・3・4・**(5)**→明 前回との比較：変わらず笑顔が多い。	軽←1・2・**(3)**・4・5→重 前回との比較：記憶の低下による勘違いが増えている。	軽←1・**(2)**・3・4・5→重 前回との比較：週3日を4日に増やしたことでだいぶストレスが減った。

総括・評価：サービスは現状のまま継続。本人は少し回数が多いと感じているようだが、家族の負担感軽減を考慮しそのまま継続。デイを楽しんでもらえるよう、カラオケ以外のレクリエーションへの参加も促す。

081

⑤ ケア業務を積極的に担当する
──生活相談員が利用者とじかに接することの大切さ

> 利用者とじかに接するなかで信頼感を得るとともに、利用者の様子を客観的に観察しましょう。

ケア業務を担当して利用者の信頼を得れば、相談業務が有効に機能する

　介護の現場に出て日常のケアに携わるのは、利用者とじかに接するよい機会です。利用者は、接する機会の少ないスタッフに対してはなかなか親しみを感じることができず、困ったことがあったときに急に寄ってこられても警戒心を抱くでしょう。生活相談員は利用者のことを一番知っていなければならない立場であり、利用者に何か困ったことがあれば相談にのる立場。生活相談員の役割を十分に果たすには、日ごろから率先して利用者に接し、利用者から「あの人がいるから安心だ」という信頼を得る必要があります。それには、「あなたのことをわかっていますよ」というシグナルになるような声かけを継続的に行うことが大切です。声かけに好反応がないときは、利用者の興味・関心を引く別の方法を考えましょう。

現場のケアが「通所介護計画書」に沿ったものかどうかを客観的に評価する

　生活相談員が現場のケアを担当するときは、生活相談員の視点で介護現場を観察しましょう。適切・的確なケアを心がけることが大切なのは言うまでもありませんが、介護計画書に沿って現場のケアが実行されているかどうかを客観的に評価することも、生活相談員の重要な役割です。「通所介護計画書」の内容が実現されてはじめて、適切な介護が行われたと言えるからです。

　客観的な評価を行うには、各利用者の「通所介護計画書」の中身を熟知していなければなりません。たとえば、毎朝決まった時間を「通所介護計画書」に目を通す時間に当てるようにしましょう。利用者すべての介護計画書に目を通すのが無理なら、1日に何人分と決めて、1週間で全員の分に目を通してもよいでしょう。

ここが大事！　生活相談員がケアの現場に入る意義

●利用者にじかに接することで利用者から信頼感を得る

- 今日はひざの調子がよさそうですね。
- 今日は〇〇さんの好きなお赤飯ですね。
- 足の爪はもう痛くなくなりましたか？
- 新しい車椅子の調子はいかがですか？
- 今日は〇〇さんのお好きなカラオケタイムがありますよ。

●現場のケアが「通所介護計画書」に沿っているかを観察する

- 利用者が希望するレクに参加して楽しんでいるか？
- 入浴時に適切な方法で洗髪介助が行われているか？
- 決められた時間、決められた方法で歩行訓練が行われているか？
- 利用者の手指の機能に合う方法で食事の介助が行われているか？
- 毎朝時間を決めて今日の利用者の「通所介護計画書」に目を通し、それを踏まえてケア内容を観察。
- 継続的な声かけに好反応が得られているか？

⑥日々の「ケース記録」を継続的に読む

——「ケース記録」は生活相談員にとって貴重な情報源

> 生活相談員が自分自身の目ですべての利用者を観察するのは無理なので、介護スタッフの書いた「ケース記録」に毎日目を通して活用しましょう。

介護スタッフの気づきや工夫を「ケース記録」からすくい上げる

　介護スタッフは日常的に利用者に接するなかでさまざまなことに気づき、小さな工夫を重ね、それを「ケース記録」に残します。ただ、そうした気づきが介護サービスの向上に貢献することを、書いているスタッフ自身が気づいていないことも多いようです。そういった貴重な気づきをすくい上げることも生活相談員の大切な役割。たとえば、「スプーンを替えれば○○さんは介助なしで食事がとれるんじゃないか？」との記述から、握力の弱い利用者が別のタイプのスプーンを使うことで一人で食事ができるようになったケース、「○○さんが歩きづらいのは足先が上履きに当たっているからでは？」との記述から、家族に大きめの上履きに替えてもらい外反母趾の悪化が防げたケース、などなど。その積み重ねが介護サービスの質を向上させていくのです。

「ケース記録」の継続チェックを通じて利用者の状態の変化を把握する

　「ケース記録」を継続的に読めば、利用者の心身状態の変化を知ることができます。申し送りされた重大なトピック（出来事）以外にも、利用者本人にとっては意味のあるトピックがいろいろあるはずです。「ケース記録」を注意深く読み、ときどき現れる同種のトピックを追いかけることで、心身状態の変化を知ることができるのです。「最初はデイサービスに来たがらなかった利用者が、しだいに機嫌よく通うようになった」ことが読みとれる、「ひどかった皮膚湿疹が快方に向かい、数ヵ月かかって元の状態に戻った」経過がわかる、「飼い猫が死んで気落ちしていたが、だんだん元気をとり戻した」きっかけや経緯がわかる、などです。状態の変化が一段落した時点で、後述する生活相談員の「観察ノート」（095ページ）にそのことを記録しておきましょう。

「ケース記録」は利用者に関する情報の宝庫

「ケース記録」からは、利用者の様子だけでなく、現場で利用者をケアしている介護スタッフの気づきや、中長期にわたる利用者の心身状態の推移も知ることができます。注意深く読んで、介護の向上に役立てましょう。

「ケース記録」から介護スタッフの気づきをすくい上げよう！

- 「体の横に立って腰を支えたら、Lさんの歩行介助がとてもスムーズにできた」
  ⇒ 普段は正面から手を引いて歩行介助をしているが、それでは体が不安定で足に力が入らず歩きづらいことがわかった。

- 「普段は無口な初期認知症のMさんに生まれ故郷の青森の思い出を聞いたら、ねぶた祭のことをうれしそうに話してくれた」
  ⇒ 人と話すのが嫌いなのかと思っていたが、内容によっては積極性が見られることがわかった。これをきっかけに一人暮らしの孤立感が少しずつ解消されてきたようだ。

- 「お茶の時間にDさんが『足が痛くて新しい服を買いに行けないのが悩み』と言っていた」
  ⇒ ケアマネジャーにそのことを伝えると、週1回の訪問介護のサービスが追加された。

「ケース記録」から見逃されがちな利用者の心身状態の変化を把握しよう！

- 「ボランティアのドッグセラピーの折に、Hさんが犬を撫でてとてもかわいがっていた」
  ⇒ 近くに住んでいた長女一家が遠方に転勤してからずっと元気がなかったHさんが、最近は笑顔を見せるようになった。ドッグセラピーの効果が大きいようだ。

- 「レクの書道の時間にBさんの字をほめたら、とても喜んでくれた」
  ⇒ デイサービスに行きたくないと言っていたBさんだが、最近は嫌がらずにデイに来るようになった。趣味の書道の腕前が認められたことで、書道の時間が楽しみになったようだ。

- 「Gさんの皮膚湿疹が治って、皮膚がきれいになった」
  ⇒ 水虫の治療薬でアレルギーを起こしてから3ヵ月。長くかかったがようやく治ったようだ。

⑦ 現場スタッフの意見に積極的に耳を傾ける

——貴重なアイディアや提案を活用しないのは損

> 利用者と日々接する介護スタッフは、それぞれ自分なりの意見をもっています。それらをサービスレベルの向上に活用しましょう。

スタッフミーティングを定期的に開いて現場の意見を拾い上げる

　デイサービスで働く介護スタッフは家族構成や経済環境などがさまざまで、生活事情も違えば、ものの考え方も違います。生活相談員より年長で人生経験が豊富な人や、親の介護をしている人もいるでしょう。スタッフから出される多彩な意見のなかには、課題の解決やサービスの改善に役立つアイディアや提案がきっとあるはずです。

　現場スタッフみんなから価値あるアイディアや提案を引き出すためには、スタッフミーティングを自由に意見が言えるような温かな場にすることが不可欠です。それには、ミーティングをリードする生活相談員が「みんなで知恵を出し合ってサービスレベルを向上させ、事業所を盛り立てましょう」という前向きな姿勢を示し、よい雰囲気を作り出す必要があります。そのような場ができれば、あとは自律的に動いていくもの。活発な意見交換が事業所運営に好循環をもたらしてくれるでしょう。

ミーティングの目的をはっきりさせて明確な成果を出す

　ミーティングと言っても、その内容は一様ではありません。大きく分けると、送迎前のショートミーティングのように注意事項を伝達するために常時開かれる「連絡型」、特定の課題について話し合うために随時開かれる「問題解決型」、事業所をよりよくするために定期的に開かれる「提案型」の3つになるでしょう。ミーティングを開くときは、どのタイプのミーティングを開くのかはっきりさせ、それに合わせて進行の仕方や所要時間などを設定します。

　生活相談員は、ミーティングの目的がきちんと達成されるように、しっかりと準備して効果的にミーティングをリードしましょう。

「ミーティング」の上手な進め方

問題解決型や提案型のミーティングには、参加者たちから自由なアイディアを引き出すために60年ほど前に考えられた「ブレインストーミング」手法が有効です。この方法では、下記の4つのルールに従ってミーティングを進めます。生活相談員は、これを最終的に自分たちの職場に合うようにアレンジし、成果が出やすい環境を整えるようにしましょう。

みんなで自由に発言する

質より量がこの方法のルール。ときには生活相談員も自らアイディアを出すことで、みんなが意見を言いやすい雰囲気を作ることが大事です。

どんな突飛なアイディアも歓迎する

話し合いに消極的なスタッフは、「こんなことを言ったら笑われる」と考えている場合が多いもの。どんな意見も真摯（しんし）に聞くという約束を参加者全員に徹底させましょう。

他者の意見を批判しない

批判されなければ、尻ごみせずに意見を言うことができます。その反面、実現性を考えない思慮不足の意見も出されます。生活相談員は、そうした意見の欠点を補う工夫をしましょう。

他者の意見に便乗することを認める

他人のアイディアにひねりを加えて成果を出すのもOK。「こうしたらうまくいくのでは?」、「自分ならこうする」などの発展的意見を上手に成果に結びつけられるかどうかは、進行係しだい！

⑧家族からの相談を支援と情報収集のチャンスと捉える
―― 家族からの相談を双方にとって有益な場に

> 利用者家族からの相談に対応するときは"処理する"という気持ちを捨てること。相談業務は家族と意思疎通を図る絶好のチャンスです。

家族（介護者）のストレスを察知し、必要なら改善に向けた支援をする

　家族から相談があったら、家族を支援する好機と捉えて親切ていねいに対応しましょう。ここで大切なのは、相談を有益なコミュニケーションの場にすること。まず、相手の話をさえぎらず、じっくり時間をかけて聞く必要があります。家族（介護者）の多くは介護による大きなストレスを抱えており、"介護うつ"などという言葉もあるように、ある調査では介護する家族の4人に1人が抑うつ状態であるという結果が出ています。最悪の場合はそれが利用者への虐待につながりかねません。相談の場で家族の様子を観察し、必要な支援につなげられれば、そうした悪循環を未然に食い止められるかもしれないのです。

　相談者（利用者家族）に抑うつ症状が見られる場合は、ケアマネジャーと連携して介護サービスを増やすことで負担を軽くしたり、場合によっては病院の受診を促したり、必要なら「地域ケア会議」で役所の担当職員と支援策を考えたり……。できることはいろいろとあるはずです。

家族からの相談を好機と捉え、アセスメントやモニタリングに活かす

　家族からの相談は、広い意味でアセスメントやモニタリングの場になります。家族は内容をわかってもらおうと懸命に訴えるわけですから、相手から困り事や要望をなんとか聞き出そうとするアセスメントやモニタリングの面談に比べ、より効果的かつ効率的。この機会を逃さず、利用者家族の思いを余さず話してもらうように努め、相談事項の背景にある困難や要望、不満や満足などをすくい上げるようにしましょう。

相談業務を通じて家族の心もケアしよう！

高齢者を介護している家族は何らかのストレスを抱えています。生活相談員は、介護のストレスが高じて抑うつ状態になり、うつ病へと進行することがないように、家族の様子に気を配る必要があります。下表に示すようなシグナルを早めに見つけて、できる限りフォローしましょう。また、下表の項目がいくつも当てはまる場合はうつ病が疑われるため、病院の受診を勧めたほうがよいでしょう。

抑うつ状態やうつ病のシグナルと考えられる症状	
外から見てわかること	質問することでわかること
●元気がない ●表情が暗い ●涙もろい ●イライラしている ●落ちつきがない ●こちらの問いかけへの反応が鈍い ●自分を責める発言が多い ●しばしば不安を口にする ●細かいことを気にする発言が多い ●悪いほうへ悪いほうへと考える発言が多い	●眠れない ●食欲がない ●胃の調子が悪い ●便秘がひどい ●よくめまいがする ●口がひどく乾く ●頭痛や肩こりがひどい ●体がいつもだるい ●疲れやすい ●友だちと会いたくなくなった ●テレビや新聞を見たいと思わない ●趣味に興味がもてなくなった ●以前よりお酒をよく飲むようになった

⑨ ケアマネジャーとの連携を深める
——ケアマネジャーは利用者の代理人的な存在

> デイサービスの生活相談員がケアマネジャーと緊密に連携することで、利用者と事業所の双方によい結果がもたらされます。

ケアマネジャーからのリクエストにはできる限り応える

　ケアマネジャーは利用者の要望をデイサービス側に伝える代理人のような存在なので、生活相談員はケアマネジャーからのリクエストにはできる限り応えるようにしましょう。「新規で急いで使いたい利用者を受け入れてもらいたい」、「曜日をすぐに変更してもらいたい」、「入院している間に退院後の利用を決めたい」など、ケアマネジャーは常に融通のきく対応を求めるもの。もちろん安請け合いはいけませんが、管理者とも相談して臨機応変にスケジュール等を調整し、できるだけリクエストに応じる努力をしましょう。

ケアマネジャーへの連絡・報告はなるべく密に

　ケアマネジャーは月に1回程度は利用者や家族と面談していますが、それだけで日常の様子をすべて把握することはできません。そこで重要になるのが、普段の生活の多くを知るデイサービスからの情報提供です。デイサービスからケアマネジャーへの状況報告は、月に1回程度「状況報告書」を送付し、「具合が悪くなって途中で帰った」とか「風邪気味で入浴を中止した」といったようにサービス提供に急な変更が生じたときは電話などで連絡するのが一般的です。サービス提供に直接関係ないことでも、「陥入爪の外科手術のあとなかなか傷が治らない」とか、「利用時間中に、自分が何をしているのかわからなくなりパニックを起こした」など、利用者の心身の変化に関することは、報告書を待たずにこまめにケアマネジャーに伝えるようにしましょう。

　このように、デイサービスの生活相談員とケアマネジャーは、利用者に関してできるだけ密に連絡をとり合って情報を共有することが望まれます。

生活相談員とケアマネジャーとの連携

ケアマネジャーとよい関係を作るには、ケアマネジャーからの問合せや要望にできる限り応えようとする姿勢が大切です。また、利用者へのサービスを向上させるには、生活相談員とケアマネジャーがきめ細かく連絡をとって協力し合うことが不可欠です。

生活相談員から ケアマネジャーへ連絡する事項	ケアマネジャーから 生活相談員へ連絡する事項
●月に1回程度、「状況報告書」を送る ●サービス内容に変更があったときに電話などで報告する ●病気・ケガの経過や認知症症状の変化などを報告する ●利用者に関して相談したいことがあれば連絡する	●サービス利用に関して問い合わせる ●利用者家族からの要望などを伝える ●利用者や家族に関して知らせておきたいことを報告する ●利用者に関して相談したいことがあれば連絡する

利用者のために緊密に連絡をとり合って協力する

⑩利用者の家を訪れて会話するなかで様子を観察する
―― アットホームな雰囲気のなかで見えてくるもの

> 今後は、生活相談員が利用者の家庭を訪問する機会が多くなるでしょう。その機会を活かせるかどうかは生活相談員の腕しだい。

積極的に家庭訪問をして家庭での利用者・家族の様子を観察する

　介護制度の改革に伴い、生活相談員は利用者がデイサービスに来ていない日の生活にも目配りすることが期待されています。家庭訪問は、そのための貴重な機会になるでしょう。利用者の家庭では、まさにアットホームな雰囲気のなかで利用者や家族と会話しながら本来の様子を観察することができるからです。

　訪問は単独で行うことも大事ですが、ときには定期面談を行うケアマネジャーに同行（利用者とケアマネの承諾が必要）してみるのもよいでしょう。そうすれば、ケアマネジャーの仕事ぶりや、利用者とケアマネジャーとの関係を知ることができます。また、利用者の困り事や要望について関係者で直接話し合えることも大きな利点です。

自宅だから話せる潜在的な困り事を引き出す

　利用者やその家族は、サービス内容にかかわる大事な相談があるときは事業所に出向くでしょうが、それ以外に、自宅に来てもらえれば本音で話ができるというような相談や、家族のプライバシーにかかわることなので事業所では話したくないといった相談を抱えている可能性があります。

　たとえば、「スタッフのいないところで利用者の○○さんから猥褻（わいせつ）なことをたびたび言われて嫌な思いをしているので、○○さんが来る日にはデイサービスに行きたくない。○○さんと会わないで済むよう、曜日などを調整してほしい」といった相談や、「兄夫婦が父（利用者）を引きとると言ってきたが、父は今のデイサービスに通いたいので嫌だと言っている」というようなプライバシーにかかわる相談は、自宅にいるときでなければなかなかしにくいものです。

家庭訪問の主なメリット

利用者の自宅を訪問する主なメリットは、「訪問時の観察を通じて困り事が見えてくること」と「自宅だからこそ話せる困り事が聞けること」の2つです。リラックスした雰囲気で話をすることで利用者の心がほぐれ、本来の生活の様子を観察したり本音を聞いたりすることができるはずです。

●訪問時の観察を通じて困り事が見えてくる

家族と利用者は良好な関係か？
利用者の病気やケガで最近は病院に通院することが多くなり、長男の妻がそのことをだいぶ負担に感じているようだ。

介護に適した環境が整っているか？
玄関までの3段ほどの石段が大変そうで、手すりが必要だと感じた。

利用者とケアマネジャーの関係はどうか？ ※ケアマネジャーに同行した場合
2ヵ月前に利用者の希望でベテランに代わったのだが、聞き上手な今のケアマネジャーとは打ち解けて話ができている様子。

●自宅だからこそ話せる困り事が聞ける

デイで困っていることはありますか？
スタッフのいないところで他の利用者からセクハラを受けている。
その利用者と会わないで済むよう利用曜日を変えることで対応した。

家庭で困っていることはありますか？
兄夫婦が父を引きとりたいと言うが本人は嫌がっている。
ケアマネジャーに相談し、兄夫婦も交えて話し合ってもらうことになった。

家族自身が困っていることはありますか？
デイから帰るといつも機嫌が悪くて困っている。
デイでの人間関係に問題があるのか、ケアの仕方に問題があるのか、原因を見つけて対策を講じることになった。

⑪「観察ノート」を作成して活用する

――生活相談員の仕事内容と利用者について感じたこと・気づいたことを記録したノートは宝の山

> 「観察ノート」は生活相談員専用の仕事の記録であり、そこに記録した内容は問題解決に活用することができます。

1日の仕事内容と感じたこと・気づいたことを記す「観察ノート」を作る

　生活相談員の業務は幅が広く、介護計画書を作成したり、利用者の相談にのったり、送迎ドライバーを務めたり、介護スタッフと一緒に入浴の介助をしたり、利用者の様子を観察したり……数え上げればきりがありません。ところが、相談内容を個別に記録しておく以外に、自分が1日に行なった仕事を細かく記録している生活相談員は意外に少ないようです。「生活相談員日誌」をつけているケースもあるようですが、「業務日誌」と内容が重なる部分が多いため、あまり普及していません。

　そこでお勧めしたいのが、生活相談員の1日の仕事内容と利用者について感じたこと・気づいたことを記録する「観察ノート」を作成することです。このノートの有効性が認識されれば、利用する人が増えてくるでしょう。

「観察ノート」は問題解決に役立つヒント集になる

　生活相談員の1日の業務のなかで、利用者について感じたこと、気づいたこと、問題解決のアイディアなどを「観察ノート」に細かく記録しておけば、利用者が抱える問題の解決に役立つヒント集として活用できるはずです。観察の記録を毎日つけていると、利用者の抱えている課題（困り事や要望）がしだいに明らかになり、課題解決の糸口を見つけることにもつながります。

　また、利用者への介護サービスのレベル向上が図れるだけでなく、生活相談員の仕事の質も向上していくでしょう。介護サービスの向上を念頭において日々この記録を書いているうちに、プロの生活相談員としての自覚が確立されていくからです。つまり、「観察ノート」は、生活相談員が自覚をもって仕事をしている証でもあるのです。

「観察ノート」の記入例

このノートは生活相談員専用の仕事内容の記録であり、「感じたこと・気づいたこと」の欄の情報を利用者の問題解決のヒントとして活用することができます。

生活相談員観察ノート

氏名：○○○○　20○○年　○○月○○日

業務の内容	参加の有無と形態	感じたこと・気づいたこと
送迎	有（迎え・送り）・無	デイ到着時に、Yさんが少し車酔いをしていた様子。送迎車中の様子を気づかうようスタッフに伝えた。
健康チェック	有（実施・見守り）・無	Bさんが「血圧が心配」と言うので、測定値が平常値であることを確認。Bさんは高血圧症で朝食時に自宅で薬を服用しているが、薬の効果は出ている様子。
入浴	有（介助・見守り）・無	薬草湯が大変好評だった。
食事	有（介助・見守り）・無	一人暮らしのNさん（男性）はいつも無表情だが、昼食のオムライスを食べているときに笑顔を見せた。
排泄	有（介助・見守り）・無	介護スタッフのMさんが、排泄介助の折に少し腰痛を訴えた。
レクリエーション	有（介助・見守り）・無	利用者参加の小学校唱歌の合唱では、思いのほか、みなさん熱心に歌っていた。小学校唱歌の合唱をレクリエーションの定番にしてはどうか。
面談室での相談業務	有・無	※「有」の場合の相談内容は個別の「相談記録」に記入
利用者宅への訪問	有・無	Sさんのお宅を訪問。同居の長女○○さんより「最近、昼と夜を勘違いすることが多い。私が気づいて再び寝かせるが、今後、夜中に外に出ていくようにならないか心配」という話があった。Sさんが一人で外に出られないような工夫を○○さんと話し合った。
サービス担当者会議出席	有・無	
介護計画書の作成・変更	有（作成・変更）・無	Tさんの「通所介護計画書」を作成。居丈高なところがあるTさんがどうしたら他の利用者とうまくやれるか、ベテランスタッフのYさんと相談してみよう。
ケース記録確認	有・無	Gさんが昼食後に帰宅願望が高まってとり乱したとの記載あり。おしゃべりの仲間に入れず疎外感を感じると家に帰りたくなる可能性も。要観察。
ケアマネジャーとのやりとり	有・無	Pさんのサービス担当者会議の日程について電話連絡あり。Pさんは一人暮らしで、近所に住む長女が同席とのこと。
スタッフミーティング	有・無	Uさんの認知症状が進んでいるという報告あり。Uさんが最近、他の利用者とトラブルを起こしたのもそのためか。
その他	地元自治会の夏祭り参加について、自治会長と集会所で打ち合わせ。	

column

認知症サポーター急増中！

　サッカーが盛り上がるとともに、応援する人を指す「サポーター」という言葉が広く認知されるようになりました。使いやすさも手伝って、今や「サポーター」という言葉はさまざまな分野で使われるように。介護の世界にも、厚生労働省公認の「認知症サポーター」という人たちがいます。認知症サポーターを養成する制度は10年ほど前に始まったもので、これは認知症を理解し認知症の高齢者に適切に接する人を育てようという一種の啓蒙活動。また、介護制度改革の広報活動という側面ももっています。

　高齢化社会が進むなかで、国は高齢者に対して、施設に入所するのではなく、できるだけ住み慣れた家で暮らし続けてほしいと考えています。そこで問題になるのが認知症高齢者の急増。現在、認知症の患者は65歳以上の高齢者の約10％にのぼり、認知症の症状が出始めている予備軍まで入れると、65歳以上の4人に1人が認知機能に何らかの問題を抱えています。そこで、"地域の人たちが認知症のお年寄りに温かい目を向ければ、認知症になってもなんとか自宅で暮らしていけるのではないか"ということで作られたのが、認知症サポーター制度なのです。

　認知症サポーターには、特に何かをしなければならないという義務はなく、それによって何かの特典が得られるわけでもありません。その代わり、サポーターになるのは簡単で、認知症サポーター養成講座という1～2時間の無料講習を受ければ、"地域の認知症のお年寄りに対してやさしい人になった"と認定されます。

　現在、認知症サポーター養成講座は小学校や中学校、スーパーマーケットなどで盛んに開催され、初年度に約3万人だったサポーターは現在なんと600万人！　認知症の患者数に追いつき追い越し、現在急増中です。

Part 5

認知症ベストケアを実現するための10のポイント
—— デイサービスの生活相談員に必要な認知症の基礎知識 ——

****

2015（平成27）年1月に厚生労働省が公表した『新オレンジプラン』には、「2012（平成24）年時点では65歳以上の高齢者の4人に1人が認知症または予備軍であり、そのときに462万人だった患者数が2025（平成37）年には700万人に達するだろう」との現状・予測が示されています。そして、「認知症の人たちが認知症とともによりよく生きていくことができるような環境整備が必要」との提言がなされています。

そこで重要な役割を期待されているのがデイサービス（通所介護）。「認知症対応」を謳うデイサービス事業者は、介護スタッフや管理者に各種の認知症介護研修を受講させて認知症高齢者に対応できるよう努めています。しかし、認知症ケアのノウハウやスキルはまだ十分に開発・確立されているわけではなく、介護スタッフ全員が認知症介護研修を受講しているわけでもありません。デイサービス事業者は、こうした問題を解決するために、認知症高齢者に適切なケアを提供できる体制作りを早急に進める必要があります。そして、デイサービスでこの取組みをリードする役割を担うのが、生活相談員なのです。

Part 5では、認知症高齢者に対するベストケアを実現するために、デイサービスの生活相談員が留意すべき基本事項を「10のポイント」の形で整理・解説するとともに、具体例を生活相談員の視点から見た認知症ケーススタディの形で示します。

ポイント ❶
認知症が病気であることを医学的に理解する

> 認知症が「加齢による老化」ではなく「病気」であることを認識し、タイプごとの原因や症状・病態の概要を把握しておきましょう。

認知症の医学的な定義

　世界保健機関（WHO）の国際疾病分類第10版（ICD-10）には、「慢性または進行性の脳疾患によって生じ、記憶、思考、見当識、理解、計算、学習、言語、判断など多数の高次脳機能の障害からなる症候群」と記されています。また、政府広報オンラインでは「老いに伴う病気の1つで、さまざまな原因で脳の細胞が死ぬか働きが悪くなることによって、記憶・判断力の障害などが起こり、意識障害はないものの社会生活や対人関係に支障が出ている状態（およそ6ヵ月以上継続）」と記されています。

認知症の主なタイプと原因

　認知症には、症例が多い以下の4つのタイプがよく知られていますが、そのほかにもさまざまな原因で起こるタイプがあります。

- **アルツハイマー型認知症**：認知症全体の50％以上を占める。遺伝、環境、生活習慣などの因子が絡み合って起こると考えられている。
- **レビー小体型認知症**：認知症全体の約20％を占める。脳の広い範囲にレビー小体という異常なたんぱく質が溜まり、脳が萎縮してしまうことが原因とされている。
- **脳血管性認知症**：認知症全体の約20％を占める。脳出血、脳梗塞、脳動脈硬化などにより神経細胞が栄養・酸素不足となって壊死することが原因とされている。
- **前頭側頭型認知症（ピック病など）**：認知症全体の数％を占める。はっきりした原因は不明。ピック病の原因は、異常構造物が神経細胞内に溜まることとされる。
- **その他の原因による認知症**：上記以外に、脳挫傷、脳腫瘍、頭部外傷、正常圧水頭症、慢性硬膜下血腫、アルコールの長期・大量飲用、などに起因する認知症もある。

認知症のタイプ・主な症状・ケア時の注意

認知症のタイプごとの主要な症状とケア時の注意点を下表にまとめてあります。

認知症のタイプ	主な症状	ケア時の注意点
アルツハイマー型	「数分前／数時間前の出来事をすぐに忘れてしまう」「年月日がわからない」「季節や気候に合った服が選べない」「家族や身近な人のことがわからない」などの症状。	●生活リズムを崩さない ●服薬管理などをアシストする ●環境が大きく変化しないよう配慮する ●勘違いでも強く信じている場合には、否定や説得をしない
レビー小体型	幻覚、幻視、妄想などの精神障害症状、筋肉のこわばりなどの運動機能障害、便秘、失禁、起立性低血圧（立ちくらみ）などの自律神経障害症状。	●幻視や妄想の訴えがあったときに、肯定もせず否定もしないで接する ●症状の変動が大きいことを理解して柔軟に対応する
脳血管性	記憶障害、見当識障害、理解力・判断力の低下、実行機能の低下などの症状。	●問題行動があっても病気のせいだと理解して接する ●症状が急に進行することがあるので、経過観察を怠らない ●リハビリテーションや散歩などで、進行を遅らせるよう努める
前頭側頭型（ピック病など）	「身だしなみに頓着しない」「同じ物を食べ続ける」「万引きをする」などの症状や、多弁、周囲への過干渉、多動、徘徊といった活動性亢進の症状。	●異常行動が病気によるものであることを理解する ●言葉の意味が理解できなくなる症状について理解する ●運動障害を伴う場合があるので、転倒やケガに注意する
その他の原因によるもの	原因によって症状はさまざまだが、記憶障害、見当識障害、理解力・判断力の低下、実行機能の低下などの症状が現れることが多い。	原因となる病気を治療することで、認知症状を緩和できる可能性があるので、病状観察および医師との連携が大事。

ポイント❷
認知症の中核症状と周辺症状を理解する

> 認知症には、脳の神経細胞が壊れることによって起こる「中核症状」と周囲の人とのかかわりのなかで起きてくる「周辺症状（行動・心理症状）」があります。

認知症の中核症状と周辺症状が発生するプロセス

認知症には中核症状と周辺症状がありますが、両者は下図に示すような原因とプロセスで発生しています。

中核症状とは

中核症状とは、脳の神経細胞の破壊・減少に伴って直接的に起こる症状で、神経細胞の破壊・減少が進むにつれて症状が進行していきます。病気の進行を食い止めるには、認知症のタイプに応じた専門的な治療が必要です。中核症状には、見当識障害、記憶障害、実行機能障害、理解力・判断力障害、失行、失認、失語などがあります。

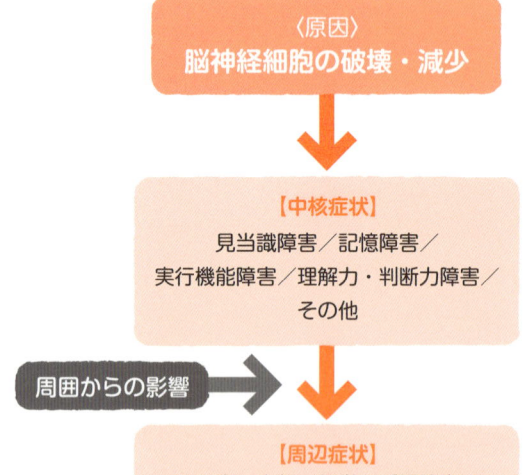

〈原因〉
脳神経細胞の破壊・減少

↓

【中核症状】
見当識障害／記憶障害／
実行機能障害／理解力・判断力障害／
その他

周囲からの影響 →

↓

【周辺症状】
せん妄／妄想／幻覚／睡眠障害／
焦燥／暴言／暴力／徘徊／
仮性作業／介護拒否／その他

周辺症状（行動・心理症状）とは

周辺症状は、周囲の人たちとのかかわりのなかで起きてくるさまざまな症状です。どんな症状が出るかは周りの環境によって変わってきます。周辺症状をある程度コントロールすることができれば、ケアの質を向上させることも可能です。

認知症の中核症状と周辺症状の関係

認知症高齢者に起こりやすい中核症状と周辺症状を下図にまとめました。

主要な周辺症状（行動・心理症状）

介護拒否
「薬を飲むのを嫌がる」「お風呂に入るのを嫌がる」「着替えを嫌がる」※無理強いは逆効果なので、工夫が必要。

異食
「食べられない物を口に入れたり、食べたりしてしまう」

不潔行為
「漏らした便を手でいじったり、壁などになすりつけたりする」「汚れた下着を隠す」※原因を解明して適切な対応をすれば改善できるケースもある。

依存
「判断力が低下しいつも誰かに頼ろうとする」※介護してくれる人に常につきまとうケースが多い。

多動
「自分がおかれている状況がよく理解できず、絶えず動き回っている」

多弁
「一方的にしゃべり続ける」「つじつまの合わない話をいつまでもする」

仮性作業
「食器の食べ物を別の食器に移し替えては元に戻す」「ケースから衣類を出してすべて廊下に並べる」

徘徊
「わけもなく、うろうろ歩き回る」※「理由がある場合が多いのでそれを探ることが大事」との考え方もある。

暴力
「ささいなことに怒り、掴みかかったり殴りかかったりする」

主要な中核症状

記憶障害：
「新しいことが記憶できない」「前に記憶したことが思い出せない」

見当識障害：
「日時、曜日、季節、昼夜がわからない」「どこにいるのかわからない」

理解力・判断力の障害：
「新しいことが理解できない」「複数の物事を総合的に考えることができない」「ささいな変化に対応できない」

実行機能障害：
「計画や段取りが立てられない」「複数のことを同時に処理できない」

失行：
「衣服の着方がわからない」「家電などの道具がうまく使えない」

失認：
「物事が認識できない」

失語：
「物や人の名前が出てこない」

せん妄
「興奮してわけのわからないことをしゃべる」「意識がはっきりしないまま動き回る」「意識がぼんやりして黙り込む」

妄想
「物を盗られたと騒ぐ」「帰宅しなければと言い続ける」

幻覚
「実際にいない人が見える（幻視）」「実際にいない人の声が聞こえる（幻聴）」

睡眠障害
「なかなか寝つけない」「すぐ目が覚める」「昼間に眠ってしまう」

焦燥
「いつも焦っている」「ささいなことですぐイライラする」

心気
「重い病気にかかって死んでしまうと思い込んで、訴え続ける」

抑うつ
「気分が落ち込んでふさぎ込む」「元気が出ないと言って寝てばかりいる」

暴言
「ちょっと気に入らないことがあると、大声で怒鳴る」

ポイント❸
認知症の診断・判定に関する手順・基準を理解する

認知症の診断・判定は専門の医師が行いますが、介護関係者、特に生活相談員は、診断・判定のプロセスと基準を知っておいたほうがよいでしょう。

認知症を判定する一般的なプロセス

専門医は、右図に示すようなプロセスで対象者が認知症か否かを判定します。生活相談員がこのプロセスを知っていれば、認知症の利用者やその家族と接したり相談にのったりするときに、より適切な対応ができるようになるでしょう。

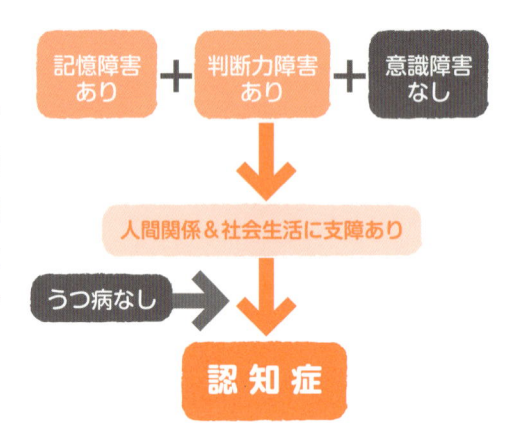

記憶障害あり ＋ 判断力障害あり ＋ 意識障害なし
↓
人間関係＆社会生活に支障あり
うつ病なし →
↓
認知症

国際標準の認知症診断基準の要点

次に示すのは、専門医が認知症の診断を下すときの根拠となっている国際標準の診断基準（国際疾病分類第10版：ICD-10）の要点です。この情報を理解・把握しておけば、認知症予備軍の利用者の状況変化を察知することが可能になり、また、利用者の認知症の症状について医師や看護師と話をする際にも役立つので、目を通しておきましょう。

●以下の症状を示す証拠が存在し、症状が6ヵ月以上続くこと
　❶記憶力の低下：新しい事象に関する記憶力が著しく減退。
　❷判断能力の低下：判断と思考に関する能力が低下し、情報処理全般が悪化。
　❸上記の2つにより、日常生活動作や遂行能力に支障をきたしている。
●次のうち1つ以上が認められること
　●感情にムラがある。　　　　　　●ささいなことですぐに不機嫌になる。
　●感情をほとんど表さなくなる。　●細かいことに注意を払わなくなる。

認知症高齢者の日常生活自立度の判定基準

下表に示すのは、厚生労働省が要介護認定に関して公表した「認知症高齢者の日常生活自立度判定基準」（抜粋）です。デイサービス事業所がこの表のランクを利用希望者の受入れ可否の判断に利用する場合もあるので、内容に目を通しておきましょう。ランクは軽いほうからⅠ、Ⅱ、Ⅱa、Ⅱb、Ⅲ、Ⅲa、Ⅲb、Ⅳ、M の9段階です。Ⅰは一般的には家族等が見守りや手助けをすれば済むレベルを指し、M は、症状が著しく進行し、精神病院や老人保健施設の認知症専門棟などでの治療が必要な状態を指します。

ランク	判断基準	見られる症状・行動の例
Ⅰ	何らかの認知症を有するが、日常生活は家庭内および社会的にほぼ自立している。	（記載なし）
Ⅱ	日常生活に支障をきたすような症状・行動や意思疎通の困難さが多少見られても、誰かが注意していれば自立できる。	（記載なし）
Ⅱa	家庭外で上記Ⅱの状態が見られる。	たびたび道に迷うとか、買物や事務、金銭管理などそれまでできたことにミスが目立つ等
Ⅱb	家庭内でも上記Ⅱの状態が見られる。	服薬管理ができない、電話の応対や訪問者との対応など一人で留守番ができない等
Ⅲ	日常生活に支障をきたすような症状・行動や意思疎通の困難さが見られ、介護を必要とする。	（記載なし）
Ⅲa	日中を中心として上記Ⅲの状態が見られる。	着替え、食事、排便、排尿が上手にできない、時間がかかる。 やたらに物を口に入れる、物を拾い集める、徘徊、失禁、大声、奇声をあげる、火の不始末、不潔行為、性的異常行為等
Ⅲb	夜間を中心として上記Ⅲの状態が見られる。	ランクⅢaに同じ
Ⅳ	日常生活に支障をきたすような症状・行動や意思疎通の困難さが頻繁に見られ、常に介護を必要とする。	ランクⅢに同じ
M	著しい精神症状や周辺症状あるいは重篤な身体疾患が見られ、専門医療を必要とする。	せん妄、妄想、興奮、自傷・他害などの精神症状や精神症状に起因する問題行動が継続する状態等

出所：厚生労働省「平成18年1月19日　老老発第0119001号」

ポイント❹
認知症高齢者のバックグラウンドを把握する

> 認知症高齢者のバックグラウンド（生活史や価値観など）を通じて、利用者が今どのような思いで生きているのかを把握するよう努めましょう。

子どものころ、若いころの生活の様子は？

　認知症の利用者と接するとき、あなたは今の「認知症高齢者」の姿だけを見てはいませんか？　彼や彼女にも、この世に誕生し、多感な子ども時代を過ごし、社会に出て働き、新たな家族を作り、子育てをし、ローンを払い、趣味を楽しむ、などといった独自の生活史があります。記憶力が低下していても、何かのきっかけで、心が躍るように感じた若いころの情景が蘇ってくることもあるはずです。昔のよい思い出を呼び覚ますようにすれば、認知症の周辺症状の緩和につながる可能性があります。

家族関係はどう変化してきたのか？

　家族関係が認知症の周辺症状に大きな影響を与えていることが、わかってきました。介護の現場では、「子どものころに親とどんな関係だったか」、「大人になって新たな家族とどんな関係だったか」、「その家族関係が今はどうなっているのか」を知ることで、周辺症状を緩和するような接し方を見つけることができるかもしれません。

今どういう価値観をもっているのか？

　その人のバックグラウンドを知るうえで一番大事なのは、どのような価値観をもっているかを知ることです。人は皆、「好きか嫌いか？」、「大切かそうでないか？」、「心地よいか悪いか？」といった判断の基準となる価値観をもっています。
　その人が今もっている価値観が社会的に見て許容範囲のものであれば、できるだけその価値観を尊重する形で接するようにします。そうすれば、人間関係のストレスを減らすことで周辺症状を緩和することが可能になるのです。

生活相談員目線での事例検討① : 抑うつ状態にあり、ふさぎ込みがちな女性 85歳

デイサービスでの様子　介護スタッフの話では、「○○さんはソファーに座ってうつむき加減でぼんやりしていることが多く、レクリエーションに誘っても断るのが常」とのことである。

ケアの課題　抑うつ状態になっているため、介護サービスを十分に提供できていないようだ。抑うつ状態が長く続くとうつ病を発症する恐れもある。

⬇

状況改善に向けた対応

レクリエーションの時間にさり気なく隣に座って、「今年80歳になる祖母が、子どものころの話をたまに聞かせてくれるんですが、結構楽しくて」と話しかけると、「そうなの。私は子どものころに大きな犬が家にいたの」と、楽しそうに語り始めた。介護スタッフにその旨を伝え、過去の楽しい思い出を引き出すように努めてもらった。

改善された点　介護スタッフから話しかけられると、答えることが多くなり、抑うつ症状が少しずつ解消されてきたようである。

生活相談員目線での事例検討② : 焦燥感が強くイライラすることが多い男性 81歳

デイサービスでの様子　スタッフミーティングで、「○○さんは少しでも気に入らないことがあると、説教口調で文句を言う。こちらが適当に話を合わせると、イライラして声を荒げる。その反面、トイレに行ったことをすぐ忘れることを気にして落ち込むことも多い」といった意見が出された。

ケアの課題　焦燥感が強く、思いどおりにならないことや、物忘れが多くなってきたことに常にいらだっているため、適切な介護サービスが十分に提供できていない。

⬇

状況改善に向けた対応

昼食のあとに、「○○さん、ちょっと隣に腰かけてもいいですか?」と声をかけてみた。「君は礼儀正しいんだね」と上機嫌だった。教師を長年していたからか、礼儀にこだわりがあるようなので、介護スタッフに礼儀正しく接するようお願いした。

改善された点　介護スタッフが前より礼儀正しく筋道を立てて話しかけるようになると、イライラせずにきちんと対応してくれることが多くなった。

ポイント❺

高齢者になった自分を想像して利用者の気持ちに寄り添う

> 「自分が年を重ねて○○さんの歳になり、老化で体が不自由になって認知症にもなったら、いったいどんな気持ちで過ごすのだろう?」と想像してみましょう。

高齢者になった自分を想像してみる

　病気や事故に遭わずに無事に生きていければ、あなたも必ず高齢者になります。「自分が○○さんの歳になったら、どんなことを考え、どんな気持ちで過ごすのだろうか?」と想像してみてください。高齢者になるまでの道のりに思いを巡らせ、その先にある自分の姿を思い描ければ、少しは○○さんの気持ちに近づけるでしょう。

　高齢者の気持ちを理解するために、擬似体験装具（ヘッドフォン、特殊眼鏡、手足の重りなど）を装着して生活動作を体験する「高齢者擬似体験」をしてみるのもいいかもしれません。もちろん、高齢者擬似体験では、認知症の症状を体験することはできませんが、生活の質が自分と大きく違う人の身になってみることが、認知症の高齢者に近づく第一歩となるでしょう。

高齢者の気持ちを汲みとり、できるだけ心に寄り添う

　医者の世界に「病気だけを診ずに人間を診ろ」という教えがあるように、介護スタッフは「認知症高齢者の症状（現象）をケアするのではなく、人格や感情をもつ生身の人間をケアする」のが基本です。それには、○○さんはどういう人で今どういう気持ちでいるのかを汲みとることが大切です。

　大事なことを思い出せなかったり手足がうまく動かせなくなったりするなかで、利用者が感じるもどかしさやつらさを、介護する側が感じとって共感できるようになれば、今抱えている困り事をどう解決するのが利用者にとって最良なのかが見えてくるはずです。そして、導き出された答に沿ってケアを行なっていけば、認知症ケアの質が着実に向上していくでしょう。

生活相談員目線での事例検討③：自分の体のことを異常に心配する女性 82歳

デイサービスでの様子　○○さんが「手の甲がどんどん黒ずんできて皮膚がんじゃないかと思うんだけど、娘がとり合ってくれなくて……」としきりに訴えていると、ケース記録に書かれていた。

ケアの課題　心配事を端から介護スタッフに訴え続けるので、ケアの妨げになっている。本人もつらいと思うので、心気症的な心理状態を少しでも和らげてあげたい。

状況改善に向けた対応

○○さんに声をかけて訴えている状況をていねいに聞き、「手の甲の黒ずみは数日前に見たときと変わっていない感じですね。心配でしょうから、デジカメで写真を撮っておきましょう」と言って写真を撮り、次回に写真を見せて広がっていないことを確認してもらった。「そうね」と少し安心した表情を見せた。

改善された点　心気症自体は治らないが、話を聞いて自分のために何かしてくれることに安心感を覚えたようだ。介護スタッフにやたらに不安をぶつけることが少なくなった。

生活相談員目線での事例検討④：バッグから中身を出しては入れ直す男性 76歳

デイサービスでの様子　スタッフのケース記録に「○○さんが、持参したバックから物を全部出して食堂のテーブルの上に整然と並べ、しばらく眺めたあと、ていねいにバッグにしまい込む。これを何度も繰り返す」と書かれていた。認知症症状の「仮性作業」のようだ。

ケアの課題　仮性作業をしている間は、介護スタッフが声をかけても耳を貸さないことが多いので、ケアに支障が出ている。

状況改善に向けた対応

仮性作業を始めるタイミングを見計らって「大変そうですね。お手伝いしましょうか？」と声をかけると、「大丈夫だから」と言われた。様子を見守りながら、それをする意味や目的をやさしく問いかけてみた。説明のつじつまは合っていないが、「なるほど、そうですか」というあいづちを打ちながら聞いていると、安心した様子を見せた。

改善された点　やっていることを理解してもらえたことで安心感が生まれ、仮性作業を繰り返さなくなったり、繰り返す回数が減ったりするようになった。

ポイント❻
被保護者扱いせずに人としてのプライドを尊重する

> 「被保護者」扱いして認知症高齢者のプライドを傷つけると、周辺症状が出やすくなるので、注意が必要です。

サービス利用者のプライドを傷つけないように接する

　人は社会で苦労しながら生きていくなかで生きることへの自信を少しずつ確立していきます。これが、プライド（自尊心）です。長年生きてきた高齢者は、一見おとなしそうな人であっても、プライドがないなどということはありません。
　認知症高齢者が何らかの形でプライドを傷つけられると、新たな周辺症状が出たり、既存の周辺症状が増幅されたりする、と言われています。認知症の高齢者にとって、介護してくれる人たちは強者です。特に、他人である介護事業所のスタッフは、少々不快な思いをしても我慢しなければならない強い存在なのです。利用者のプライドを傷つけずにケアする方法を、生活相談員が中心となって考えましょう。

サービス利用者を「被保護者」扱いしない

　自分の母親や父親が利用者で、「もう少しで昼ごはんだから、ここで待っているのよ。用意ができたら呼びにきてあげるからね」などと介護スタッフに言われているのを聞いたら、どんな気持ちがするでしょう？　悪気がないことはわかりますが、もしスタッフが「自分たちは利用者を保護している」といった思い違いをしているのであれば、「弱者を保護しているのではなく、困り事をもっている人を有料で手助けしている」と、考えを改めるべきでしょう。「自分や自分の家族がサービスを受ける立場だったらこんなふうに扱われたくない」と感じることは、してはいけないのです。
　「デイサービスは有料でサービスを提供する事業所であり、サービス利用者はお客さまである」ということを再認識して、介護スタッフ全員にその意識を浸透させるのも、生活相談員の大事な役目です。

生活相談員目線での事例検討⑤：特定のスタッフの介護を拒否する男性 84歳

デイサービスでの様子 年配の介護スタッフAさんから、「認知症だからか、○○さんは気むずかしくて困る。やさしく接してあげているのに何が気に入らないのかしらね」とグチを言われた。よく話を聞いてみると、○○さんはAさんに介護されるのを拒否することが多いようだ。

ケアの課題 介護はローテーションしながら行うので、○○さんの介護からAさんを外すのはむずかしい。

⬇

状況改善に向けた対応

Aさんの介護の仕方について情報を集めてみたところ、悪気はないようだが、利用者を子ども扱いする傾向があるようだ。Aさんに、「○○さんは会社の役員をしていたこともあるようなので、敬語でていねいに話しかけてみてはどうですか」と提案した。

改善された点 Aさんが敬語を使ってていねいに話しかけるようになってから、○○さんの態度が少しずつ変わり、介護を拒否することが少なくなってきた。

生活相談員目線での事例検討⑥：ケアを始めようとすると突然怒り出す女性 79歳

デイサービスでの様子 スタッフミーティングで、「軽度の認知症である○○さんが急に怒り出すことがある」という話題になった。普段は特に怒りっぽくないのに、ケア開始のタイミングで怒り出すことが多い、とのことだった。

ケアの課題 ケアを始めようとすると怒り出すため、なだめたりしてケアを始めるまでに時間がかかり、十分なケアができない。

⬇

状況改善に向けた対応

スタッフ全員から話を聞いたところ、原因はケアを始める前にきちんと了解をとらないことにあるらしい。断りなく突然何かをされることにびっくりして、それが怒りになって現れているようだ。「利用者に対してケアをするときは必ず、前もってその旨をていねいに伝えるようにしましょう」とスタッフ全員にアドバイスした。

改善された点 ○○さんが突然怒り出すことが減って、ケアしやすくなった。

ポイント❼
利用者の話をよく聞き共感を示すことで信頼を得る

> 認知症だからと利用者をあなどってはいけません。相手が自分の話をちゃんと聞いてくれているかどうかは意外にわかっているのです。

傾聴する時間をサービスの一部と考える

　忙しい介護サービスの合間に利用者の話し相手をするのは大変です。ましてや、認知症高齢者の場合は、話に脈絡がなかったり、堂々巡りしたりするので、真剣に対応する気になれないかもしれません。けれど、話をきちんと聞くことで周辺症状が軽減される可能性が高いことがわかっているので、認知症高齢者に対する介護サービスには話し相手をする時間も含まれると考えたほうがよいでしょう。

あいづちを打ちながらきちんと話を聞く

　認知症の高齢者のなかには、よく独り言をつぶやいている人がいます。そういうときは、話に割り込まずに、どんなことを話しているのか耳を傾けてみましょう。ケアを改善するヒントになるかもしれません。また、スタッフに話しかけてきた場合は、しっかり話を聞き、適切なタイミングであいづちを打ちましょう。適当に聞くふりをしながらいい加減にあいづちを打ったりすると、不信感を招くことになりかねません。

話の内容に共感を示す

　あいづちを打つだけでなく、話の内容をきちんと理解して、納得できる事柄に対しては共感を示すようにしましょう。たとえば、医師への不満に対して「確かに、もう少し詳しく話を聞いてくれるとうれしいですよね」といった感想を述べると、利用者の表情が急に明るくなって、もっと思いを伝えようとした、という事例もあります。認知症の高齢者は判断力が低下しているからまともな話はできないと思いがちですが、よく話を聞いてみると、なるほどと思える事柄も結構あるものです。

生活相談員目線での事例検討⑦：独り言が多く、会話が成立しにくい男性 86歳

デイサービスでの様子 ケース記録に、「○○さんは廊下を歩いているときや食事をしているときに、何かつぶやいていることが多い。そういうときにケアしようと話しかけても、ほとんど反応がない。話をさえぎろうとすると怒り出す」と書かれていた。

ケアの課題 介護スタッフが面倒を嫌って敬遠しがちになっているため、余計に自分一人の世界に入り込んでしまう傾向があるようだ。

↓

状況改善に向けた対応

穏やかな表情をしているときを見計らって、声をかけてから横に座り、「奥様を亡くされてから一人でお住まいのようですが、お寂しくはないですか？」と聞いてみた。「長男と折り合いがよくないから、仕方がないよ」と、淡々と語り始めた。

改善された点 独り言をつぶやいているときでも、適切な話題で話しかけると応じてくれる場面が増えてきた。

生活相談員目線での事例検討⑧：脈絡のない話を介護スタッフにする女性 77歳

デイサービスでの様子 「○○さんは介護スタッフが近づくとすぐに脈絡のない話をし始めるので対応に困る」という話が多く聞かれる。物忘れをとても気にしていて、「今日は朝起きてから何をしたかしら」などと、頭に疑問が浮かぶたびにスタッフに問いかけているようだ。スタッフが適当に答えると、「ちゃんと私の話を聞いてよ」と食い下がるとのこと。

ケアの課題 スタッフがしっかり話を聞いて返事をしてくれるまで話し続けるので、対応に時間がかかり、ケアが遅れ遅れになってしまう。

↓

状況改善に向けた対応

話をよく聞いて適切に返事をすることで共感を示すほうがケアの効率が上がり、○○さんの満足度も上がることを、介護スタッフに説明した。そして、「手間はかかるでしょうが、しばらくの間、試してみてはどうでしょうか？」と提案した。

改善された点 スタッフがていねいに話を聞いて共感してくれるようになったので、○○さんの物忘れに対する不安感が少し薄らいできたようだ。

ポイント❽
言語の認知機能低下に適切に対応する

> 言語の認知機能が低下している認知症高齢者に対しては、やさしい言葉でゆっくり話しかけ、ボディランゲージを活用すると効果的です。

言語の認知機能低下と難聴（耳が遠い）を区別して適切な対応をする

　こちらが話していることを利用者が理解できていないと感じた場合は、まず原因が難聴なのか認知機能の低下なのか（両方が組み合わさっているケースもある）を判別することが大事です。声の大きさを変えてみたり、ごくやさしい問いかけをしたりしてみましょう。

　認知機能の低下が原因と思われるときは、やさしい言葉でゆっくりと利用者に話しかけるのが基本です。それでもうまく伝わらない場合は、「1つの文（センテンス）を短くして、利用者がそれを理解したら、次の文を話す」、「単語を1つずつ区切ってしゃべる」、「理解しにくいと思われる単語をやさしい単語に置き換える」などの工夫をし、話の内容が理解しやすくなるようにしましょう。

言語の認知機能低下にはボディランゲージが効果的な場合もある

　話す速度や話し方を工夫しても十分な効果が得られないときは、コミュニケーションを補足する手段としてボディランゲージを活用するのがよいでしょう。ボディランゲージとは、身振り・手振り、表情、視線、ボディタッチなどによって言語表現を補足したり、意思や感情を直接伝えたりすることを意味します。

　認知症の高齢者とコミュニケーションをとるときに、どんなボディランゲージが効果的かは、認知症の症状の出方やその人がもっている元々の性格などで変わってくるので、試行錯誤しながら見極めていくことが必要です。生活相談員が率先してこれを行い、その結果の情報を介護スタッフに伝えるようにするのが、認知症高齢者のベストケアにつながると考えられます。

生活相談員目線での事例検討⑨：相手の話が聞きとれず何度も聞き返す男性 83歳

デイサービスでの様子　「○○さんは、相手の話を聞く気はあるようだが、何度も聞き返すので仕事がはかどらない。補聴器をつけてもらってはどうか」とのコメントがケース記録に書かれていた。フェイスシートを見ると、「言語認知機能が低下している」旨の記載があった。

ケアの課題　こういうやりとりが何度も続くため、本人も面倒になってきているようで、癇癪を起こしてケアを拒否することもある。

⬇

状況改善に向けた対応

「○○さんが何度も聞き返す原因は、言葉を理解する認知能力の低下にあるので、話しかけるときは、正面に回り、目を見て会釈してから、一言一言ゆっくり話してください。わかりやすい言葉だけを使うことも大事です」とスタッフにアドバイスした。

改善された点　以前よりスタッフの話が理解できるようになったようで、聞き返す回数が減り、ケアしやすくなった。○○さんが癇癪を起こすことも少なくなった。

生活相談員目線での事例検討⑩：話しかけても理解できないことが多い女性 91歳

デイサービスでの様子　○○さんは話しかけても返答がないことが多く、耳が遠いのかと思って大声を出すと「そんなに大声を出さないで」と怒られる、という相談を介護スタッフから受けた。耳が遠くなっているのではなくて、言語認知能力の低下によるものと考えられる。

ケアの課題　ケアに関する意思疎通がうまくいかないため、適切な介護をすることが困難になっている。もっと意思疎通が図りやすいよう改善する必要がある。

⬇

状況改善に向けた対応

「やさしい言葉を一つひとつ区切りながら話すだけでなく、視線、表情、身振り・手振りなどを交えて、相手の感情に訴えかけながら情報を伝えるようにしてください。また、相手が話そうとしても言葉がうまく出ないときは、何が言いたいのか想像して合いの手を入れてみるのもよいと思います」とスタッフに伝えて試してもらった。

改善された点　「前に比べると○○さんの反応がよくなり、まだ十分とは言えないけれど、意思疎通がしやすくなった」という意見が聞かれるようになった。

113

ポイント❾
「楽しい」「うれしい」といった好感情を呼び覚ます

> 認知症の周辺症状の緩和に向けて、五感の刺激を通じて「楽しい」、「うれしい」といった好感情を呼び覚ましましょう。

五感をうまく刺激することで好感情を呼び覚ます

　見る、聴く、味わう、嗅ぐ、触る、という五感からの情報に基づいて生み出される感情は、思考や判断に大きな影響を与え、環境に適応した行動が選択できるようアシストする働きをします。感情は、「好き／嫌い」や「快適／不快」といった価値判断を通じて回避や接近といった行動を促します。

　認知症高齢者の介護においては、「感情の元になる五感をうまく刺激して好感情を呼び覚ませば、認知症の周辺症状をある程度緩和することができる」との考え方に基づいて、さまざまな取組みがなされています。介護現場でも、この考え方を参考にして、好感情を呼び覚ます工夫をしましょう。

「楽しい」「うれしい」「おいしい」といった好感情が生きるエネルギーになる

　五感に何らかの刺激を受けて好感情が呼び覚まされると、モチベーションが高まって「生きるエネルギー」が湧いてくるのが普通です。ところが、高齢者、特に認知症の高齢者は、感情が乏しくなってこのエネルギーが生み出されにくくなっているために、さまざまな問題が生じています。

　では、加齢や認知症のせいで希薄になりつつあった好感情を呼び覚ますには、どうしたらよいのでしょうか？「写真や映像を見せて、うれしいと感じた情景を思い描いてもらう」、「楽しかった昔の思い出を語り合うことで、楽しいという感覚を呼び起こす」、「子どものころに大好きだった食べ物を食べてもらい、おいしいという感覚を思い出してもらう」など、「五感の刺激」をキーワードにしたさまざまな取組みが考えられます。利用者の状況に応じて、いろいろと試してみましょう。

生活相談員目線での事例検討⑪：表情の変化が乏しく意思疎通しにくい男性 85歳

デイサービスでの様子　ケース記録に、「○○さんは食事の際に表情を変えずに時間をかけて淡々と食べている。おいしいかどうか尋ねても、なんとなくうなずく程度の反応しか示さない。本人の望みに合うケアができているか不安」と記されていた。

ケアの課題　食事を残すことは少ないようだが、好みがよくわからないので、食べることを楽しんでもらう方法がわからない。

⬇

状況改善に向けた対応

○○さんの前に昼食が運ばれたときに、「このなかにおいしそうだと思うものは何かありますか?」と尋ねてみた。食事の器を見回してから、「お芋」と答えた。「味つけはどうでしょうか?」と続けると、「甘みが足りないかなあ」とこちらに顔を向けた。

改善された点　介護スタッフにこのことを伝え、食べ物の好みに関する会話を続けてもらううちに、好きな物を食べるとうれしそうな表情を見せるようになってきた。

生活相談員目線での事例検討⑫：失禁のストレスで怒りを爆発させる女性 81歳

デイサービスでの様子　ミーティングで、「○○さんは認知症が原因で尿失禁や便失禁をすることがあり、それが強いストレスとなっているようだ」との意見が出された。失禁の後始末を自分でうまくできずにスタッフに見つけられたとき、怒りが込み上げてくるようだ。

ケアの課題　怒りが爆発したときの対応に、スタッフが苦慮している。「早めにトイレに行きましょうね」と声をかけても、「しつこく言わないで」と拒否される。

⬇

状況改善に向けた対応

たとえば「私はお金を貯めて船で世界を巡るのが夢なんですけど、○○さんの若いころの夢って何ですか?」といった具合に、「楽しい」という感情を呼び覚ますような話題を提供して少し会話をしてから、自分からトイレに行こうと思えるような話題に移っていくようにしてはどうか、と介護スタッフに提案してみた。

改善された点　スタッフが何度か試したところ、楽しいことを思い出して好感情が勝っているときにさり気なくトイレに行くよう促すと、うまくいくことが多くなった。

ポイント⑩

認知症の症状の変化を観察して病状に合ったケアをする

認知症は進行する病気です。症状の変化（進行具合）を観察して、現時点の症状に合ったケアをしましょう。

認知症が進行することを前提に経過を観察する

　認知症の進行過程は「健忘期」、「混乱期」、「痴呆期」に大きく分かれますが、一般的に認知症ケアの対象となるのは、記憶障害、見当識障害、理解力・判断力の低下、実行機能障害などが明確に現れてくる「混乱期」です。この時期は、認知機能障害が進行していく時期でもあります。認知症は、薬などで進行を遅らせたり、症状を緩和したりすることはできますが、今のところ根本的な治療法は開発されていません。

　そこで重要になるのが、介護サービスの役割です。デイサービスの生活相談員は、認知症の進行具合を観察・把握したうえで、現れている症状に合うケアを提供することができるよう、介護スタッフに具体的なアドバイスをする必要があります。

認知症の進行状況に応じたベストケアを心がける

　記憶障害や見当識障害などの中核症状については、基本的にケアを通じて改善できるものではないため、進行状況に合わせてアシストするのが基本です。たとえば、物の名前を思い出せずに焦っている利用者に、ヒントを出して思い出すよう促すか、「△△ですか？」と答を示すかは、記憶障害の進行状況に応じて変える必要があります。「せん妄」、「妄想」、「抑うつ」といった周辺症状についても、進行状況に応じたケアが必要です。たとえば、抑うつ症状があるが軽度な場合は、レクリエーションへの参加を促してストレスを発散させるのもよいかもしれませんが、抑うつ症状が重い場合は、参加を無理強いせずに、好きな音楽をかけたりするほうがよいでしょう。

　認知症の進行状況に合わせてケアを工夫することで、利用者の負担を軽減したり、症状を和らげたりするよう努めましょう。

生活相談員目線での事例検討⑬：「家に帰りたい」と繰り返す女性 83歳

デイサービスでの様子　「○○さんは『家に帰りたい』と言いながら荷物をまとめて玄関に行こうとすることが多く、対応に苦労している」と、介護スタッフから相談を受けた。当所に通い始めたころよりも、「帰りたい」と言い出す回数が増えてきているようだ。

ケアの課題　説得しても言うことを聞いてくれないことが多いため、ついて回りながらなだめるのに時間がかかり、ケアに支障が出ている。

状況改善に向けた対応

相手の言うことを否定せずに、「わかりました。ところで、どこのおうちに帰るんですか？」と問いかけてみた。「お母さんがいるうちよ」との返事だったので、「お母さんが迎えに来てくれるまで、楽しいことをして待っていましょうね」となだめた。

改善された点　以前に比べて見当識障害が進行しているため、時代錯誤や年齢逆行の状況を把握して状況に合わせた会話をすることで、帰宅を止めやすくなった。

生活相談員目線での事例検討⑭：物盗られ妄想が激しくなってきた女性 77歳

デイサービスでの様子　○○さんが、最近「財布がなくなった」「指輪がなくなった」と頻繁に騒ぎ出すようになったと、スタッフから相談された。「財布はもってこないことになっていますよ」と言っても、「そんなことないわ。誰かが盗ったのよ」と声を荒げるとのこと。

ケアの課題　ていねいに事情を説明しても頑（がん）として認めようとしないため、対応に時間がかかり、ケアに支障が出ている。今後、他の利用者に迷惑がかかる恐れもある。

状況改善に向けた対応

2年前に当事業所を利用し始めたころは、「健忘期の物忘れ」レベルだったのが、数ヵ月前から物忘れに妄想が加わって「物盗られ妄想」が生じてきたと考えられる。興奮しているときに理屈で説得しようとすると逆効果であることがわかってきたので、介護スタッフに、うまく話を合わせながら別の話題に誘導するよう試みてもらった。

改善された点　時間をかければだんだんと落ちついてくるので、そのタイミングを計って別の関心事に誘導することで、ケアが再開できるようになった。

column
デイサービス生活相談員が受講することが望ましい認知症介護研修

　デイサービスの生活相談員には、認知症高齢者に対して適切なケアを提供できる体制作りをリードする役割が期待されています。そして、この役割を果たすには、生活相談員自身が認知症の医学知識とケアのノウハウを習得していることが不可欠です。

　そこで必要になるのが、「認知症関係の医学書や認知症ケアのノウハウ書を読んで自己学習すること」と「認知症介護関係の研修に参加してノウハウ・スキルを習得すること」の2つです。研修については、都道府県が実施している下記の「認知症介護研修」から自分に適する（該当する）ものを順次受講するのがよいでしょう。

- 認知症介護実践者研修
- 認知症介護実践リーダー研修
- 認知症対応型サービス事業開設者研修
- 認知症対応型サービス事業管理者研修
- 小規模多機能型サービス等計画作成担当者研修
- 認知症介護指導者養成研修

　このなかで、デイサービスの生活相談員が受講することが望ましいのは、「認知症介護実践者研修」と「認知症介護実践リーダー研修」の2つです。少なくとも、実践者研修は早急に受講したほうがよいでしょう。ただ、両方とも、生活相談員の受講を想定していないようで、認知症高齢者介護の経験年数などの細かい受講条件があります。都道府県のホームページなどで受講資格の有無を確認してください。

※介護の実務経験を要しないルートで生活相談員になった人の場合は、現場の経験を積んでから受講することになるようです。

専門用語

高齢者の介護＆医療・看護に関する専門用語集
―― 生活相談員の仕事に役立つ専門用語の基礎知識 ――

****

デイサービスの生活相談員は、利用者や家族の相談にのるだけでなく、事業所の内外で多様な仕事を担当し、サービスレベルの向上も図るハイパースタッフです。

ケアマネジャーと一緒に利用者の家庭を訪問してアセスメントを行なったり、「通所介護計画書」を作成したり、朝の送迎ドライバーを務めたり、介護スタッフと一緒に入浴の介助をしたり、介護スタッフの研修を企画したり、ボランティアの受入れをマネジメントしたり、療法士、看護師、医師と情報交換したり……。生活相談員がこうした幅広い業務を的確にこなすには、さまざまな知識が必要になります。特に、介護・医療・看護に関する基礎知識は必要不可欠です。

もちろん、専門家レベルの深い知識は必要ありませんが、利用者・家族の相談に適切に対応するためにも、療法士、看護師、医師、ソーシャルワーカーといった人たちと円滑にコミュニケートするためにも、介護・医療・看護の分野でよく使われる専門用語の意味を理解しておきましょう。ただ、この用語集にあるすべての用語の意味を覚えておくのは大変です。日常的に使われる用語の意味をしっかり覚え、あとは必要に応じて「専門用語の手引き」として活用してください。

- ●高齢者の介護に関する専門用語……………………………………P120
- ●高齢者の医療・看護に関する専門用語……………………………P134

高齢者の介護に関する専門用語

あ

アカウンタビリティ（説明責任）：介護サービスを提供する事業者が介護サービスの利用者とその家族にサービスの内容や重要事項を十分に説明する責任のこと。

アセスメント（利用者の状況把握／課題分析）：利用者に必要な介護サービスがどのようなものかを明らかにするために、サービス利用者に関する情報を収集して分析すること。

アニマルセラピー（動物介在療法）：動物に接することで心身状態の改善を図る療法のこと。医療機関で始まった療法だが、介護施設での導入事例も増えてきている。身体機能の維持・改善や心理的状態の改善といった効果があると言われている。

意識障害：物事を正しく理解したり判断したりする能力や周囲の刺激に適切に反応する能力が損なわれている状態のこと。結果として行動異常を起こす場合もある。

移乗（トランスファー）：介護される人が、車椅子からベッド、ベッドから車椅子、車椅子から椅子、車椅子から車などへ移る動作のこと。移乗の介助時に、本人の意思や能力を活かすようにすることが大切。

異食：食べてはいけない物（紙、草、土、化粧品、電池、洗剤、タバコ、自分の便など）を口に入れたり、食べたりすること。重度の認知症になると、食物とそうでない物との区別がつかなくなることがある。また、食欲中枢の障害や味覚障害がある場合も、通常では考えられない物を食べてしまうことがある。

医療除外行為：厚生労働省によって、医師や看護師以外でも行うことができると定められた行為（検温・血圧・脈拍のチェック、爪切り、湿布の貼つけ、軟こう塗布、座薬の挿入、薬の内服の介助、浣腸、口腔内の汚れの除去など）。

医療的ケア：医師の指導の下に、保護者、看護師、介護福祉士、ヘルパーが日常的あるいは応急的に行う経管栄養や痰(たん)の吸引など。

腋窩(えきか)検温：腋(わき)の下に体温計を挟んで体温を測ること。検温前に腋の下の汗を拭きとる

ことが必要。

エコマップ：介護のニーズをもつ人に対してどのような社会資源（家族、社会福祉施設、親戚、保険など）があるかを円や矢印を使ってマップに書き表したもの。

嚥下：狭義には食物を口から喉の奥（食道）に飲み込むことを指すが、広義には食物を口から胃まで運ぶ飲み込み運動全体のことを指す。

円背：脊椎が丸まるように湾曲した状態のことで、猫背、亀背、脊椎後湾曲とも呼ぶ。姿勢が悪い状態が習慣化したことによる湾曲、生まれつきの湾曲、脊椎の疾患や骨折による湾曲などがある。

オレンジプラン：2012（平成24）年9月に厚生労働省が発表した『認知症施策推進5か年計画』の通称。「新オレンジプラン」の項も参照。

か

臥位：寝た状態の姿勢を表す言葉。上を向いて寝ている姿勢を表す仰臥位（背臥位）、横を向いて寝ている姿勢を表す側臥位、うつぶせになった伏臥位（腹臥位）などを総称する用語。

介護：日常生活を自立的に過ごすことが困難な人に必要なケアを施すこと。

介護記録：介護サービスの一連の過程を定型的に記録したものであり、介護関係者がサービス利用者にかかわる情報を共有し、効率よく質の高い介護を行うための情報ソースとなる。ケアプラン、介護計画書、フェイスシート、サービス提供記録、生活記録表、ケース記録、アセスメント表、モニタリング表、ヒヤリハット報告書、事故報告書などがある。

介護サービス（提供）事業者：要支援者、要介護者に対して、各人が必要とする介護サービスを提供する事業者のこと。厚生労働省により、指定居宅サービス事業者、指定地域密着型サービス事業者、指定居宅介護支援事業者、介護保険施設事業者、指定介護予防サービス事業者、指定地域密着型介護予防サービス事業者、指定介護予防支援事業者の7類型が定義されている。

介護支援専門員：「ケアマネジャー」の項を参照。

介護福祉士：「ケアワーカー」の項を参照。

介護予防：介護が必要な状態にならないよ

うに要支援者に対して行う各種の取組みのこと。具体的には、身体機能や認知機能の向上、栄養状態の改善などを指す。

介助：介護サービス利用者の個々の行為（食事、入浴、立上り、歩行、排泄など）を手助けすること。利用者の主体性を尊重する形で行う。

会話の語調：サービス利用者と会話するときの言葉づかいのこと。利用者のプライドを傷つけないよう、相手が「です・ます調」の場合に「だ調」（「〜だよ」など）で話さないといった配慮が必要。

感覚障害：特殊感覚（視覚・聴覚・嗅覚・味覚・平衡覚）や皮膚感覚（触圧覚・温覚・冷覚・痛覚）などの感覚のうちの1つまたは複数が鈍磨したり機能しなくなったりすること。高齢者では、感覚障害によっていろいろな事故が起こる恐れがあるので、注意が必要である。

含嗽（うがい）：喉（のど）の粘膜や口腔内を清潔に保つため、あるいは感染予防や治療のために、水や薬液を口に含んで呼気によって攪拌（かくはん）して口外に排出すること。

既往歴：これまでにかかった病気の履歴のこと。小児期、思春期、青年期、成人期といった時期ごとに、疾患名、治療内容、治療結果をまとめたもの。

記憶障害：事故や疾病によって脳の記憶にかかわる領域の一部が損傷した場合などに、物事を覚える能力や覚えたことを思い出す能力が低下すること。「日付や場所がわからない」、「人の名前や顔が思い出せない」、「同じ質問を何度も繰り返す」などの行動や状態が見られる。

虐待：子ども、高齢者、身体・精神障害者のように介護や保護が必要な人に対し、長期的に暴力を加えたり、嫌がらせ行為を継続的に行なったりすること。介護サービスの利用者はいわゆる「弱者」であり、家族や介護関係者から虐待を受ける恐れがあるため、利用者の状態観察を通じて虐待の有無を確認する必要がある。

ギャッチベッド：上半分または下半分が自由に上げ下げできるベッド。手動または電動で容易に上げ下げできるのが特徴。自分で起き上がることができない障害者や高齢者、呼吸器疾患のある患者などに用いる。

業務日誌：介護サービス提供事業所で、1日に起こった出来事をその日の担当者（生

活相談員や介護スタッフ）が記録する日誌のこと。この日誌は、業務内容を記録し管理するためのものであり、サービス利用者の名前、利用内容、利用時間、提供サービスに関する特記事項などを記載する。

グリーフケア（悲嘆ケア）：身近な人と死別して悲しみに暮れている人が立ち直れるように精神的なケアをすること。ただ励ますのではなく、その人の気持ちに寄り添う姿勢が大切。

グループホーム：一般的には、病気や心身の障害によって通常の生活が困難な人たちが、介護福祉士などの支援を受けながら集団で生活するための住宅。認知症高齢者が5～9人で暮らす「認知症対応型共同生活介護ホーム」を指す場合もある。

ケアプラン（介護サービス計画）：介護支援専門員（ケアマネジャー）がサービス利用者の生活状況や心身の状態を勘案して作成する介護サービス計画のこと。利用者や家族と相談しながら、サービスの種類、サービス提供の日数・時間帯などを設定する。

ケアマネジメント（介護管理）：介護サービス提供事業者が利用者に提供するサービス全体を適切に組み立てて管理すること。

ケアマネジャー（介護支援専門員）：介護サービスの利用者（利用希望者）や家族から必要な情報をヒアリングしてケアプランを作成し、介護サービス事業者から適切なサービスが受けられるようコーディネートし、定期的に利用者や家族と話し合ってサービス内容を調整する役割を担う専門資格者。

ケアワーカー（介護福祉士）：ケア（介護）を仕事とする専門職員で、国家資格として位置づけられている。主に、食事、入浴、排泄、着替えなどの生活支援を行う。「介護士」という通称もよく使われる。

傾聴の姿勢：サービス利用者の話をゆっくりとていねいに聞く姿勢のこと。利用者との日常的なコミュニケーションにおいてもっとも重視されるポイントである。

傾眠：意識混濁の一種で、声をかけたりゆすったりすれば覚醒するが、またじきに意識が混濁してしまう状態。自分がいる場所や時間がわからなくなったり、直前の出来事の記憶がなくなったりすることが多い。

ケースカンファレンス（事例検討会）：介護サービス提供事業所が提供しているサービスの提供方法や水準（品質）に問題がな

いか、あればどう改善したらよいかなどを、具体的な事例を使って検討するために、サービス担当者が集まって行う事業所内での会議のこと。

ケース記録：介護サービス利用者に対してどのようなサービスをどのように提供したか、また利用者がどのような状態でどのように過ごしたかを、介護スタッフが1日単位で記録したもの。

ケリーパッド：ゴム製の用具で、寝たままで洗髪する際に頭をパッドのなかに入れると洗髪後の汚水が一方向に流れるように工夫された介助用具。

減塩食：高血圧や浮腫（ふしゅ）を伴う疾患のある人向けに、食塩の使用量を減らした食事のこと。

言語障害：聴く・話す・読む・書くといった言語能力が低下または喪失した状態を指す。原因は、脳血管障害や頭部外傷による大脳の言語中枢の損傷など。

言語聴覚士（言語療法士）：「ST」の項を参照。

健側（けんそく）：障害がある側（患側）に対して、障害を受けていない側を指す言葉。たとえば、脳血管疾患によって左半身に麻痺がある人の場合は、右半身（右側）を健側と呼び、左半身（左側）を患側と呼ぶ。

見当識障害：自分自身や自分が現在おかれている状況・環境を理解する能力（見当識）が低下した状態のこと。日付、朝・夜の別、季節などが認識できない「時間の見当識障害」、住んでいる場所や現在いる場所が認識できない「場所の見当識障害」、日々接している家族や周囲の人たちを認識できない「人物の見当識障害」に類別できる。

誤飲：誤って異物（有害な物や危険な物）を飲み込んでしまうこと。異物とは、気管に詰まって窒息を起こす恐れのある物、気管、食道、胃などを傷つける恐れのある物、体に毒性のある物などを指す。

口腔（こうくう）ケア：狭義では口腔の清掃（口のなかの汚れ、歯に付着した汚れを除くこと）を意味し、広義では加齢や病気によって衰えた口の機能の回復を図る訓練も含まれる。

拘縮（こうしゅく）：関節を形成する軟部組織の変化によって関節をうまく動かせなくなっている状態を指す。拘縮のほとんどは後天性。原因としては、長期的な臥床（がしょう）（寝たきり）に

よる廃用症候群や脳血管障害・脊髄損傷による麻痺などが考えられる。

行動障害：身体機能や精神機能に問題が生じることによって、周囲の環境に適合する行動や人間らしい行動・判断をすることが困難になった状態を指す。

誤嚥（ごえん）：本来は食道を通って胃に送られなければならないものが、誤って気管内に入ってしまうこと。通常は誤嚥が生じても、咳（せき）などの反射が起きて異物が排出される。加齢や脳卒中などで意識障害や麻痺、機能低下などがある場合は、誤嚥しやすくなる。

コミュニケーションエイド（会話支援機器）：言語障害者の意思伝達の支援手段として用いる機器や用具のこと。会話補助装置、コミュニケーションボード、コンピューターを利用する意思伝達補助装置などさまざまな種類がある。

コンプライアンス：狭義では、法令遵守（じゅんしゅ）のこと。一般的には、法令、社会規範、倫理を遵守することを指す。介護サービス提供事業者は社会的弱者である高齢者や障害者を対象としているため、一般企業より厳しい規範や行動指針が必要となる。

さ

サービス担当者会議：ケアプランの作成時と介護サービスの実施状況を検討する必要があると判断されたときに開催される会議で、ケアプランの作成（変更）と介護サービスの提供にかかわる人たち（ケアマネジャー、介護スタッフ、利用者・家族など）が参加する。介護サービス提供開始後の会議では、ケアプランの再検討が必要と判断される場合もある。

サービス提供記録：訪問介護サービスにおいて、利用者に対してどのようなサービスをどのように提供したか、また利用者がどのような状態でどのように過ごしたかを1日単位で記録したもの。

座位：狭義では、上半身を90°に近い状態に起こした姿勢のこと。広義では、椅子に腰かけた姿勢の椅座位、ベッドに腰かけた姿勢の端座位、両下肢を伸ばして座った姿勢の長座位、正座位、あぐら座位などの総称。

在宅介護：自宅に居住している高齢者や心身障害者など、日常生活に支障がある人を介護すること。介護保険制度の要介護度（要支援度）に応じて、訪問介護、デイサービ

ス、ショートステイなどの在宅介護サービスを利用することができる。

作業療法：身体または精神に障害がある人に対して、手芸、工作、園芸などの作業を通じて応用的動作能力や社会的適応能力の回復を図ること。

作業療法士：「OT」の項目を参照。

残存機能：障害を受けて使えなくなった機能以外に残された機能のことを指す。残存機能は使わないでいると低下していくため、予防介護の視点から、利用者の残存機能をできる限り伸ばしていくことを考えることが重要。

事故報告書：介護サービス提供中に利用者に事故が起こった場合に作成する報告書。作成の目的は、事故の発生状況とその原因を明らかにして同様の事故の発生を防ぐことにある。このほか、利用者の家族や自治体等の監督部署に正確な情報を報告するための記録でもある。

失禁：排泄機能がうまく働かなくなって起こる尿失禁と便失禁を指す言葉。便失禁は神経系の障害や肛門括約筋が弱くなることで起こり、尿失禁は排尿に関係する神経障害、膀胱・尿道の障害、骨盤底のゆるみ、大脳皮質の障害などによって起こる。

失行：運動障害、知能障害、意識障害などがなく、何をなすべきか理解しているにもかかわらず、その行為を遂行できない状態を指す。原因は、脳の一部に生じた器質的障害である。

失認：意識障害や認知症がなく感覚機能も正常で、対象の存在を知覚することができるのに、ある物に触ってもその形がわからない、ある物を見てもそれが何かわからないといったような状態のこと。原因は、脳の一部に生じた器質的障害である。

自費サービス：介護サービスを必要とする人がサービス提供事業者と契約して受ける介護保険の適用範囲外のサービスのこと。泊まり込みの介護、家事の手伝い、外出の付添い、話し相手などが該当する。

社会福祉士：「社会福祉士及び介護福祉士法」で位置づけられた、社会福祉業務に携わる専門職の国家資格。身体上または精神上の障害があること、または環境上の問題があることにより日常生活に支障がある人に、助言、指導、福祉サービスを提供する専門職を指す。

手段的日常生活動作：「IADL」の項を参照。

手浴（しゅよく）：手首または肘から先をお湯に浸すことで血行をよくする温浴法。「てよく」とも言う。

障害者総合支援法：正式名称は「障害者の日常生活及び社会生活を総合的に支援するための法律」（2013年施行）。障害者および障害児が自立した日常生活や社会生活を営むことができるように障害福祉サービスその他の支援を行うことを定めた法律。

ショートステイ：介護を必要とする人が施設に短期間入所して日常生活の支援や機能訓練などを受ける介護サービスのこと。

食事介助：狭義では、自分でうまく食事ができない人のために手助け（介助）をすること。広義では、食前・食事中・食後の食事環境を総合的にサポートすること。

褥瘡（床ずれ）（じょくそう）：長時間同じ姿勢で寝たり座ったりしていることで身体の同じ部位に圧力が持続的に加わって血液の流れが悪くなり、皮膚やその下にある組織が死んでしまう状態を指す。

自立支援：現在は介護を必要としている人が日常の生活動作・行為を他人の助けを借りずに行えるように支援すること。自立支援には、身体面だけでなく精神面での自立、本人の主体性や意思の尊重も含まれる。

シルバーカー（歩行補助車）：歩行を補助するための手押し車の通称。ショッピングカーの荷物入れの部分が椅子のようになっているもので、そのスペースに荷物を置くことができ、疲れた場合の腰かけにもなる。

新オレンジプラン：2015（平成27）年1月27日に厚生労働省が公表した「認知症施策推進総合戦略」の略称。これまでの「認知症施策推進5か年計画（オレンジプラン）」に代わる新戦略で、「認知症高齢者等にやさしい地域作り」などを柱とした施策。

人格の尊重：介護サービスの提供においては、サービスを受ける人の人格を尊重することが求められる。そのためには、利用者本人がどのような価値観や考えをもっているのかをしっかり把握し、それに即した対応をする必要がある。

振戦（しんせん）：本人の意思と無関係に生じる律動的な細かい震えのこと。原因は、疲労、ストレス、不安、パーキンソン病、甲状腺機能亢進（こうしん）など。

身体拘束：障害者施設、介護施設、病院などで、障害者、認知症の高齢者、患者などを、治療・看護・介護に支障があることを理由に、ひもや抑制帯などでベッドや車椅子に拘束すること。正当な理由がない身体拘束は、虐待とみなされる。

スライディングシート：ベッドの上で利用者の体の下に入れて体の向きや位置を変えるために使うシート状の介助用具。

スライディングボード：ベッドから車椅子、車椅子からベッド、車椅子から車に利用者を移すために使うボード状の介助用具。表面は滑りやすくなっており、裏面には滑り止めの加工が施されている。

生活記録表（チェックシート）：介護記録の一種で、毎日のバイタル（体温、脈拍、血圧など）、起床・就寝時刻、食事量、水分摂取の回数・量、排泄の回数・内容などを数値で記録するための表形式のシート。

清拭(せいしき)：ぬれタオルで身体を拭くことによって清潔を保つ方法。手、足、臀部(でんぶ)など身体の一部を拭く部分清拭と、全身を拭く全身清拭とがある。

精神保健福祉士：「PSW」の項を参照。

成年後見制度：認知症、知的障害、精神障害などが原因で物事を判断する能力が十分でない人について、本人の社会的な権利を守る援助者（「成年後見人」など）を選ぶことで本人を法律的に支援する制度。

整容：身なりを整えること（洗面、散髪・整髪、爪きり、歯や口腔(こうくう)の手入れ、更衣など）を指す。

せん妄状態：病気、入院、転居といった環境の変化などが原因で脳がうまく機能しなくなり、話す言葉や行動に一時的混乱が見られる状態。

ソーシャルワーカー：以前は、生活に困難や不安を抱えている人に総合的な援助を提供する人たちの一般名称として使われていたが、「社会福祉士及び介護福祉士法」と「精神保健福祉士法」が制定されてからは、国家資格である社会福祉士と精神保健福祉士を総称する用語になっている。

足浴(そくよく)：足首から先をお湯に浸すことで血行をよくしたり体を温めたりする温浴法。「あしよく」とも言う。

咀嚼(そしゃく)力低下：食物を歯で噛んで砕いたり細かくすりつぶしたりする力（咀嚼力）が

低下すること。咀嚼は食物の消化を助ける役割を担うので、咀嚼力の低下は高齢者の健康維持に負の影響を及ぼす。

ソフト食：舌で押しつぶせるくらいの硬さで、食べやすい大きさに成形されており、滑りがよく喉（のど）を通りやすい食事。

た

ターミナルケア（終末期ケア）：治癒（ちゆ）の可能性のない終末期患者に対して身体・精神の両面を包括的にケアする医療や介護。身体の苦痛や死への恐怖を和らげ、残された人生を充実させることを重視する。

地域包括支援センター：2005（平成17）年の介護保険法改正に基づいて、地域住民の保健・福祉・医療の向上、虐待防止、介護予防マネジメントなどを行うために市区町村に設置された機関。センターに所属する保健師、主任ケアマネジャー、社会福祉士が連携しながら業務を行う。

地域密着型サービス：介護保険法の改正により2006（平成18）年に創設された介護サービス提供の新たな仕組み。高齢者が要介護状態となってもできる限り住み慣れた地域で生活し続けられるよう、日常生活圏域内でサービスの利用や提供を完結させるシステム。

チームケア：介護施設や在宅環境において、介護、看護、リハビリテーション、医療、福祉などの専門職がチームを組んで介護を必要とする人のケアを行うこと。

特殊浴槽：歩行が困難な人や重度の障害者が負担なく入浴できるよう設計された浴槽。障害の程度に応じて座位式や臥床（がしょう）式がある。最近は、座位式と臥床式の可変機能を備えたものもある。

トランスファー：「移乗」の項を参照。

な

日常生活動作：「ADL」の項を参照。

入浴介助：自力での入浴が困難な人に対して手助け（介助）をすること。ほぼ自立できている人を対象とした見守り、部分的に麻痺のある人を対象とした入浴介助、寝たきりの人や車椅子に乗ったままの人を対象とする機械浴の介助などがある。

認知症サポーター制度：認知症を正しく理解し、認知症の人への接し方を学んだ人が生活のさまざまな場面で認知症の人やその家族をサポートする制度。各地域で開催さ

れる短時間の「認知症サポーター養成講座」を受講すればサポーター資格が得られる。

ノーマライゼーション：「障害者と健常者が特に区別されることなく、社会生活を共にしていく」という理念。介護の領域では、介護を必要とする高齢者を被保護者扱いせずに、対等な立場の人間として必要な支援（介護）をすることを指す。

は

徘徊（はいかい）：認知障害や意識障害のある人があてもなく歩き回る様子を指す言葉。ストレス、不安、緊張などが、徘徊の増幅要因になると考えられる。

排泄管理（はいせつ）：介護サービス利用者の排泄状況をチェックし、できるだけ自立的に排泄できるように促すこと。また、その情報を体調管理や食事管理に役立てること。

バイタルサイン：人間が生きていることを示す主要な兆候のこと。一般的には、体温、血圧、脈拍、呼吸数の4つの指標を指すことが多い。

バイタルチェック：バイタルサイン（体温、血圧、脈拍、呼吸数など）を定期的または必要に応じてチェックすること。

排尿：小便（尿）を体外に排泄すること。1日（朝起きてから夜寝るまで）の排尿回数が8回以上の場合を頻尿（ひんにょう）と呼ぶ。

排便：大便を体外に排泄すること。1日1回が理想だが、1日2回、2日に1回も可。3日以上に1回は便秘状態。

ハイムリッヒ法：誤嚥（ごえん）などで気管内に異物が入った場合にそれを口から吐き出させる方法の1つ。背後から両腕を相手の上腹部に回して上腹部と胸を圧迫することで、喉（のど）に詰まったものを吐き出させる。この方法を行うには訓練を受ける必要がある。

バスグリップ：浴槽にとりつける手すりのこと。浴槽に入るときは上部につけた手すりにつかまり、浴槽から立ち上がるときは内部側面につけた手すりにつかまるようにするなど、複数のグリップをとりつけると便利。

バスボード：浴槽の縁をまたいで出入りする際にいったん腰をかけるための移乗用の板。浴槽上部の両端にかけて置く。

バリデーション療法：コミュニケーションに重点を置いた認知症の療法。認知症の人が徘徊したり騒いだりすることには何らか

の意味があると考え、その人が歩んできた人生や今の悩みに共感を示すことで、症状の緩和・軽減を図る。

非言語的コミュニケーション：言葉で表すのではなく、表情、姿勢、身振り・手振りなどで、意思を伝えるコミュニケーション方法。特に、認知症が進んだ利用者とのコミュニケーションには、この方法が不可欠。

ヒヤリハット報告書：介護サービスの提供中にヒヤリとしたことやハッとしたこと（一歩間違えば事故につながった可能性がある出来事）を具体的に記載した報告書のこと。事故の背後にその何倍ものヒヤリハットが隠れていると考えられるため、事例情報を収集・分析して事故の未然防止策を講じることが目的。

頻尿（ひんにょう）：尿の回数が通常の状態より多いこと。一般的に、起きている間に8回以上の排尿がある場合を頻尿と呼ぶ。

フェイスシート：介護サービスの利用者の氏名、年齢、性別、住所、家族構成、健康状態、既往歴、生活歴などの情報を記録したもの。状況の変化に応じて情報を更新する必要がある。

服薬管理：介護サービス利用者の服薬（医師から処方された薬を指示どおりに服用すること）を管理すること。服薬は利用者の健康、ひいては命にかかわる事柄なので、薬と一緒に服用指示書のコピーを預かるなどして、飲み忘れや飲み間違いが起こらないよう注意する必要がある。

浮腫（むくみ）（ふしゅ）：皮下組織（皮膚の下部）に余分な水が溜まって手足、背中、顔などがむくんだ状態を指す。

不眠：夜なかなか眠りつけないこと、眠りが浅く何度も目を覚ますため睡眠時間が足りなくなること。これは、通常は一過性の状態だが、この状態が続くと不眠症になる。

訪問介護：介護を必要とする人が在宅のまま受けられる介護保険サービスの1つ。訪問介護員（ホームヘルパー）などがサービス利用者の自宅を訪問して、入浴、排泄、食事などの介助、調理、洗濯、掃除等の家事援助、生活などに関する相談・助言などを行う。

ポータブルトイレ：ベッドから離れてトイレまで行くことが困難な人のために、主に寝室で使用する携帯型便器。

歩行器：自力での歩行が困難な人の歩行を補助するための介助器具。病院や介護施設の廊下やホールなどのように段差が少なく広いスペースで、主にリハビリテーションや歩行訓練などのために使用される。

補装具：体の一部が欠損した場合や一部の機能が損なわれた場合にそれを補完・代替するために体に装着して継続的に使用する用具。義手、義足、補聴器などの総称。

ま

麻痺：中枢神経や末梢神経の障害により、手や足などが運動機能を失って自力で動かせなくなっている状態（完全麻痺）または、それに近い状態（不完全麻痺）を指す。

脈拍：心臓の拍動による動脈血管壁の波動を指す。脈拍数は、成人で1分間に60〜80が正常範囲。100以上を頻脈、50以下を徐脈、律動の不規則なものを不整脈と呼ぶ。

モニタリング（ケア状況のチェック）：ケアプランに基づく介護サービスの実施状況や内容を定期的にチェックすること。モニタリング結果を時系列的に確認することで、問題や課題を発見したり改善状況を把握したりすることができる。

や

ユニットケア：個人の人格を尊重し自立を阻害することがないように、介護施設のなかで10人以下のグループを1つの生活単位（ユニット）とし、家庭的な雰囲気のなかでケアを行うこと。ユニットの居室はすべて個室だが、リビング、浴室、トイレなどは共用。

予防的ケア：心身機能の低下を予防するために実施されるケアのこと。介護サービスの付加価値を高める重要な要素。

ら

理学療法士：「PT」の項を参照。

リスクマネジメント：介護における事故（転倒、転落、異食、誤嚥、容態の急変など）の発生リスクを予見し、予防策を立てて関係者に周知すること。

立位：まっすぐ立っている姿勢のこと。立位では、両足に体重が等分にかかり、左右の腸骨、両肩の位置が偏っていないことが望ましい。

リハビリパンツ：下着のパンツのようにはくことができ、自分で上げ下げできる使い

捨ての紙パンツ（おむつ）のこと。歩行可能な人の失禁をフォローするために使用することが多い。

リフトバス：車椅子に乗った人がそのまま乗降できるように昇降機を備えたバス。

良眠：夜よく眠れて睡眠時間が十分とれている状態。また、睡眠中に何度も目を覚ましたり、うなされたりすることがないこと。

レクリエーション：介護サービスの重要な要素の1つで、サービス利用者の生活の質を高めるために効果的な手段。カラオケ、体操、ゲーム、運動、編み物、習字、畑仕事、散歩など。

連絡ノート：介護サービス利用者の様子を家族に伝えるために使われる連絡帳と、介護サービスの関係者どうしがサービス提供状況の連絡用として用いる連絡ノート（施設のフロアやユニット単位で利用）の2種類がある。

弄便（ろうべん）：便を弄ぶ（もてあそぶ）行為を指す。便を自分の手でとり除こうとし、手が気持ち悪いので壁などになすりつけようとするケースが多い。また、何だかわからずにいじってしまうケースもある。

A to Z

ADL（Activities of Daily Living：日常生活動作）：介護サービス利用者の生活基本動作のこと。食事、更衣、整容、洗面、歯磨き、入浴、排泄、移動などを指す。

IADL（Instrumental Activities of Daily Living：手段的日常生活動作）：日常生活動作（ADL）より複雑で応用的な動作のこと。買物、洗濯、掃除、金銭管理、服薬管理、車の運転などを指す。

OT（Occupational Therapist：作業療法士）：医師の指示に基づき、身体や精神に障害のある人に何らかの作業をしてもらうことを通じて機能の回復・維持・開発を促す専門職のこと。

PSW（Psychiatric Social Worker：精神保健福祉士）：精神保健福祉領域のソーシャルワーカーの国家資格。精神障害者の抱える生活上の問題を解決するための援助や、社会参加に向けての支援活動を担う。

PT（Physical Therapist：理学療法士）：身体の機能に支障がある人に対する物理的な機能の回復（リハビリテーション）訓練を援助する専門職のこと。

QOL（Quality Of Life：生活の質）：生活に必要な物質の充足、生活基本動作の自立、精神面での充実感などから総合的に評価される生活全体の質のこと。

ST（Speech Therapist：言語聴覚士）：言語や聴覚に支障のある人に対して、コミュニケーション機能の向上を目的に各種の援助を行う専門職のこと。「言語療法士」と呼ばれることもある。

高齢者の医療・看護に関する専門用語

あ

アルツハイマー型認知症：脳内の神経細胞が壊れて脳が萎縮していくことで、認知機能（特に記憶力）が低下したり人格が変化したりする病気。認知症全体の50％以上を占めると言われている。

意識障害：物事を正しく理解したり判断したりする能力や周囲の刺激に適切に反応する能力が損なわれている状態のこと。結果として行動異常を起こす場合もある。

イレウス：「腸閉塞（へいそく）」の項を参照。

胃ろう術（PEG（ペグ）：経皮内視鏡的胃ろう造設術）：内視鏡を使って腹部に小さな穴（胃ろう）を造る手術のことで、口から食事のとれない人などのために胃に直接食物を入れる栄養供給の手段。

インスリン：膵臓（すいぞう）から分泌されるホルモンで、血液中の糖質（血糖）を調節する働きをもつ物質。各種のインスリン製剤が糖尿病の注射薬として用いられている。

院内感染：病院内において、患者、その家族、医師、看護師、医療器具などを通じて感染症が他の患者に感染すること。近年、MRSA（多剤耐性黄色ブドウ球菌）やVRE（バンコマイシン耐性腸球菌）の院内感染が大きな問題となっている。

インフォームドコンセント：医師が患者に検査・診断の内容、治療の目的、治療方法、期待される効果・結果、可能性のあるリスクなどを十分に説明し、患者や家族の同意を得ること。

うつ病：物事に対する関心や何かをする意欲が減退し、無気力な状態が続いて日常生活に支障をきたす疾病。気分が沈む、興味がわかない、眠れない、食欲がわかない、といった症状を伴う。

黄疸：血液中に含まれるビリルビンという色素が何かの原因で増加し、全身の皮膚や粘膜に過剰に沈着して黄色く見える状態。主原因は、肝炎や肝硬変などの肝臓の疾患や胆汁の排泄経路である胆管系の異常。

オストメイト：直腸がんや膀胱がんなどによって排泄機能が正常に働かなくなったため、人工肛門や人工膀胱を装着している人を指す。

オピオイド鎮痛薬：体内のオピオイド受容体に結合することにより鎮痛効果を発揮する薬。硫酸モルヒネ、塩酸モルヒネ、オキシコドン、フェンタニル、コデインなどの種類がある。

か

疥癬：ヒゼンダニ（疥癬虫）が皮膚の角質層に寄生して赤い発疹や腫れを起こす疾患。近年、病院、高齢者施設、養護施設などでの集団発生が増加しており、感染防止対策マニュアルの整備が進められている。

喀痰：痰を気道⇒口経由で吐き出すこと、または排出された痰のこと。痰とは、気道から排出される粘り気のある液状物質。

喀血：気管、気管支、肺などの呼吸器から口や鼻を通じて出血すること。咳などと一緒に起こり、液体は鮮やかな赤色。

カテーテル：通常は、心臓や血管の病気の検査や治療のために血管中に挿入する管を指すが、尿が出にくいときや全身麻酔中の排尿のために尿道に挿入する管を指す場合もある。

カニューレ：体腔内や血管内に挿入して薬液を注入したり体液を排出したりするため、また気管切開の際の空気の通路とするために用いる管状の医療器具。

顆粒剤：剤形の一種で、飲みやすいように散剤（粉薬）に比べて粒を粗く一定の大きさにそろえてある内服薬のこと。

がん（悪性腫瘍）：体の細胞の一部が勝手に増殖して塊となったものを腫瘍と言い、そのなかで細胞が無制限に増殖して周囲の正常な細胞を破壊したり他の部位に転移したりするようなものを悪性腫瘍と呼ぶ。

感覚障害：特殊感覚（視覚・聴覚・嗅覚・味覚・平衡覚）や皮膚感覚（触圧覚・温覚・冷覚・痛覚）などの感覚のうちの1つまたは複数が鈍磨したり機能しなくなったりすること。高齢者では、感覚障害によって

いろいろな事故が起こる恐れがあるので、注意が必要である。

関節リウマチ：股関節、膝関節、手関節、手指関節などに炎症が起こり、関節が腫れて痛む病気。進行すると関節が変形したり機能しなくなる。原因は、免疫システムの異常により自身の体の一部が攻撃されることにあると考えられている。

感染症：ウイルスや細菌などの微生物が体のなかに侵入し、いずれかの部位で増殖するために起こる病気のこと。感染症の多くは周囲の人に伝染する危険があるので、伝染予防に注意を払う必要がある。

緩和ケア：長期的かつ重篤な疾患の患者とその家族に対して、痛み、身体的な問題、精神的な問題などを把握・分析し、問題の軽減・解消の手助けをすることで、生活の質（QOL）の改善を図る総合的なケアのこと。

記憶障害：事故や疾病によって脳の記憶にかかわる領域の一部が損傷した場合などに、物事を覚える能力や覚えたことを思い出す能力が低下すること。「日付や場所がわからない」、「人の名前や顔が思い出せない」、「同じ質問を何度も繰り返す」などの行動や状態が見られる。

気管支喘息：気管支の炎症により気道の過敏性が亢進し、気道が細くなって発作的な喘鳴を起こす疾患。発作は夜間や明け方に多い。また、喘息患者がアスピリンなどの解熱鎮痛薬を服用すると、その20％が喘鳴発作を起こすことが報告されている。

吸入：吸入器（スプレーやネブライザーなど）を用いて霧状にした薬剤を吸気と一緒に気管支や肺の患部に投与する方法のこと。

吸入薬：霧状にして口から吸い込んで気管支や肺に作用させる薬剤。気管支や肺の治療用が主だが、風邪による喉の炎症の鎮静用やインフルエンザの治療用としても使われる。

強心薬：心不全に代表されるような心臓の機能低下を回復させる薬剤のこと。代表的な強心薬であるジギタリス系の薬は、心筋に直接作用して収縮力を高める働きをする。ただし、多種の副作用があるので、服用には注意が必要。

起立性低血圧：臥位（寝た状態）や座位から急に立ち上がったときなどに急激に血圧

が下がること。ふらつき、めまい、動悸、眼前暗黒感が生じ、ときには失神することもある。

クモ膜下出血：脳を保護する３層の膜（外から硬膜、クモ膜、軟膜）の１つであるクモ膜の下に出血した状態を指す。主な原因は、脳血管のふくらみである「脳動脈瘤」の破裂。

血圧（ＢＰ）：血液が血管壁を押す圧力のこと。血圧の測定では、収縮期血圧（最大血圧）と拡張期血圧（最小血圧）が測られる。正常値は、最大血圧が130 mmHg未満、最小血圧が85 mmHg未満とされている。

血圧降下薬：高血圧患者の血圧を下げる薬で、抗高血圧薬、降圧薬などとも呼ばれる。カルシウム拮抗薬、利尿薬、ACE阻害薬、β遮断薬、アンギオテンシンⅡ受容体拮抗薬、α遮断薬の６種類があり、複合薬が使われる場合もある。

血糖値（ＢＳ）：血液内のブドウ糖（グルコース）の濃度を表す数値。通常は、空腹時（９時間以上何も食べたり飲んだりしていない状態）の血液を採取して数値を測る。高齢者には糖尿病患者が多いため、注意が必要。

解熱鎮痛薬：脳の体温調整中枢に作用して発熱を抑えたり、皮膚の血管を拡張させて放熱を促進したり、痛覚神経に作用して興奮を抑えることで痛みを緩和したりする効果がある薬。代表的な成分は、アスピリン、アセトアミノフェン、イブプロフェン、カフェインなど。

言語障害：聴く・話す・読む・書くといった言語能力が低下または喪失した状態を指す。原因は、脳血管障害や頭部外傷による大脳の言語中枢の損傷など。

抗うつ薬：落ち込んだ気持ちや死にたいと思う気持ちが継続している状態（うつ症状）の改善に用いられる薬。化学構造と作用機序によって、三環系、四環系、SSRI、SNRI、NaSSAと呼ばれる５つのグループに分類される。

高血圧症：最大血圧が130 mmHg未満、最小血圧が85 mmHg未満を正常血圧と言い、この値の両方あるいは一方を上回れば高血圧と言う。高血圧が続く場合を高血圧症と呼ぶ。症状には、頭痛、めまい、耳鳴り、動悸、息切れ、などがある。

向精神薬：脳の中枢神経に作用して精神症状の改善に効果をもたらす薬の総称。抗精

神病薬、抗うつ薬、抗不安薬、気分安定薬、睡眠薬などに分類される。

抗生物質：細菌などの微生物によって作られ自分以外の微生物の発育を阻止する作用のある物質のこと。代表的な抗生物質は、アオカビから作られるペニシリン。ウイルスは微生物ではないため、ウイルスに効く抗生物質はない。

行動障害：身体機能や精神機能に問題が生じることによって、周囲の環境に適合する行動や人間らしい行動・判断をすることが困難になった状態を指す。

抗不安薬：不安・緊張などの症状を和らげる目的で使用される薬で、以前は精神安定剤と呼ばれていた。うつ病や神経症などの精神疾患、心身症のほか、内科・外科疾患に伴う不安を和らげるために幅広く使用される。

骨粗しょう症（こつそ）：骨量が減り、骨がもろくなる病気。原因は、骨を壊す「骨吸収」の速度が骨を造る「骨形成」の速度を上回ることで骨の量が減ってしまうこと。高齢者では、骨折の危険性が高まり、骨折から寝たきりへとつながる恐れがある。

さ

座薬：体温や分泌液で解ける性質のカプセルに入った薬剤を肛門、膣（ちつ）、または尿道から挿入し、粘膜から吸収させる固形の外用薬。代表的なのは、肛門に入れる解熱鎮痛薬。

散剤：剤形の一種で、粉末状をした内服薬。

酸素飽和度：パルスオキシメーターなどを使用して測定される血液中の酸素量（SpO2）のこと。個人差はあるが、96～100％が「正常」、91～95％が「やや正常」、90％以下が「異常」とされている。

ジェネリック医薬品（後発医薬品）：先発医薬品（新薬）と同一の有効成分を同一量含み、同一経路から投与する製剤で、効能・効果、用法・用量が原則的に同一であり、先発医薬品と同等の臨床効果・作用が得られる医薬品のこと。先発医薬品の独占的販売期間が終了したあとに研究開発費をあまりかけずに生産できるため、低価格で販売される。

脂質異常症：血清コレステロールや血清トリグリセライドが高値を指す「高脂血症」

とHDL（善玉コレステロール）が低値を指す「低HDL血症」を総称した病名。動脈硬化性疾患の予防のために治療を行う。

歯周病：一般的には、歯垢（プラーク）のなかの細菌が原因となって歯肉に起こる炎症性疾患（歯肉炎）を指すが、歯肉炎の進行に伴って歯の根元の骨が溶ける歯周炎も含めて歯周病と呼ぶこともある。歯肉炎の段階で食い止めることが大事。

心気症：診察や検査で特に器質的な異常がないにもかかわらず、ささいな身体的不調を重病にかかっていると思い込んでしまう精神疾患。症状が重い場合は、不安を和らげるような精神療法や薬物療法（抗不安薬や抗うつ薬など）が必要になる。

人工肛門：便を体外に出すために腹部に作られた排泄口のこと。「ストーマ」の項も参照。

人工透析：腎臓の機能を人工的に代替する医療行為。血液を体外にとり出して線維膜により透析する血液透析が主流だが、透析膜として患者自身の腹膜を利用する腹膜透析や汚れた血漿を除去してとり替える血漿交換など、さまざまな方法がある。

人工膀胱：尿を体外に出すために腹部に作られた排泄口のこと。「ストーマ」の項も参照。

心疾患：心臓の疾患の総称で、心臓病とも呼ばれる。狭心症、心筋梗塞、心不全、心内膜炎、心膜炎、心臓弁膜症、不整脈、心肥大など。このほか、心房／心室中核欠損などの先天性心疾患もある。

心肺蘇生法：「CPR」の項を参照。

ストーマ（人工排泄口）：消化管や尿路の疾患などによって肛門や尿道から排泄できなくなった場合に、便または尿を体外に出すために腹部に作られた排泄口のこと。消化管ストーマと尿路ストーマの2種類があり、消化管ストーマは人工肛門、尿路ストーマは人工膀胱とも呼ばれる。

生活習慣病：普段の生活習慣のなかで生じる偏食、運動不足、喫煙、ストレスが原因で起こる疾病。代表的なものは、高血圧症、糖尿病、肥満、脂質異常症。

摂食障害：拒食症（神経性食欲不振症）や過食症など、身体的な病気がないのに食事がとれなかったり、逆に食べすぎたりしてしまう病気の総称。問題状態が長期間続き、

しかも、体型や体重に対する強いこだわりがあるのが特徴。

喘鳴（ぜんめい）：呼吸時に「ヒューヒュー」とか「ゼーゼー」といった音がする状態を指す。気管または気管支のどこかが狭くなることで起こる。高齢者は喘息の発作によって喘鳴が起こるケースが多いので、注意する必要がある。

せん妄：急性の脳障害などの疾患が原因で引き起こされる軽度の意識障害のこと。

前立腺肥大症：男性の前立腺が加齢とともに肥大することで尿道が圧迫されて排尿障害が起こる病気。尿意を感じやすくなったり、尿の出が悪くなったりする。

た

帯状疱疹（たいじょうほうしん）：体の片側に帯状の赤みや水ぶくれが起こりピリピリした痛みを伴うのが特徴の病気。「水ぼうそう」のウイルスが原因で起こる。患者の約70％は50歳以上。

脱腸：「ヘルニア」の項を参照。

痰吸引（たん）：気道内・気管内に溜まった痰などの分泌物がきちんと排出されない場合などに、細い管をつないだカテーテルという吸引装置を使って痰を吸い出す医療行為。気道内吸引と気管内吸引の2種類がある。

腸閉塞（へいそく）（イレウス）：飲食物が通過する腸管のどこかが塞（ふさ）がって食べ物や消化液の流れが小腸や大腸で滞った状態。吐き気や嘔吐（おう）（と）を伴う腹痛が現れるケースが多い。

痛風（高尿酸血症）：尿酸が関節のなかで固まって結晶になることで関節炎などの炎症を引き起こす病気。関節の強い痛みを伴うことが多い。尿酸値を下げる食事療法が効果的。

爪白癬（つめはくせん）（爪水虫）：爪に発生する水虫の一種で、白癬菌というカビ（真菌）が原因で起こる感染症。足の親指の爪に発生することが多く、他の水虫と比べてかゆみなどの自覚症状が少ないのが特徴。高齢者の場合は気づかず進行することもあるので、注意が必要。

低温やけど：湯たんぽやカイロなど、すぐにやけどするほど熱くないものを肌に直接または薄い衣服の上から当て続けたり、熱風や蒸気の吹き出し口に体の一部を長時間さらしたりすることで起こるやけどのこと。高齢者は感覚が鈍っているので、注意

専門用語　高齢者の介護＆医療・看護に関する専門用語集

が必要。

低血圧症：最大血圧が 100 mmHg 以下、最小血圧が 60 mmHg 以下の状態を低血圧と言う。この状態が長く続く場合を低血圧症と呼ぶ。症状には、疲労感、立ちくらみ、動悸、手足の冷え、朝起きるのが困難、などがある。

低血糖：血液中のブドウ糖濃度が低くなりすぎた状態を指す。主な原因は、インスリンの過剰投与、食事摂取量の不足、下痢や嘔吐の持続、激しい運動、アルコール過飲など。

低体温症：医学的には、体の中心部の温度が 35 ℃以下になることで「意識レベルの低下」、「筋肉の硬直」、「不整脈の発生」などの諸症状が出ることを指す。その状態が続くと生命に危険が及ぶため、高齢者の体温の変化に気を配る必要がある。

適応障害：家庭、学校、職場、病院、入所施設などで受けた何らかのストレスによって精神面や行動面に混乱が起こった状態。ストレスとなる状況や出来事を解明してその原因を解消することで、症状は改善する。

摘便：肛門・直腸内に手指を入れて便を摘出する医療行為。直腸内に便が溜まり、自然排便や浣腸での排便ができないときに行う。

統合失調症：思考、行動、感情を 1 つの目的に沿ってまとめる（統合する）能力が長期間にわたって低下し、幻覚・幻視・幻聴、妄想、焦燥感、攻撃的な行動などの症状を示す精神疾患。この種の能力低下は、うつ病、引きこもり、適応障害などでも見られるため、確定診断は幻覚や妄想などの症状の有無によってなされる。

透析：「人工透析」の項を参照。

導尿：膀胱に溜まった尿を体外へと導いて排出すること。外尿道口から導尿カテーテルを膀胱内へ挿入することによって行う。

糖尿病（高血糖症）：血液中の糖質（血糖）を調節するインスリン（膵臓から分泌されるホルモン）が不足したり作用が不十分であったりすることで、血糖値が継続的に高い状態になることを特徴とする病気。

糖尿病薬：糖尿病（高血糖症）の症状を改善する経口治療薬には、スルフォニル尿素薬、ビグアナイド薬、α-グルコシダーゼ阻害薬、速効型インスリン分泌促進薬、チ

アゾリジン薬、DPP-4阻害薬がある。また、注射薬として各種のインスリン製剤が用いられる。

特定疾病：心身の病的加齢現象と医学的関係があると考えられる疾病。がん（末期）、関節リウマチ、筋萎縮性側索硬化症、後縦靱帯骨化症、骨折を伴う骨粗しょう症、初老期における認知症など。

吐血：食道、胃、十二指腸などの消化器から口や鼻を通じて出血すること。胃液が混ざっていることが多いため、液体は暗赤色、褐色、または黒色をしている。

頓服薬：内服薬の一種で、発作時や症状のひどいときに用いる薬。解熱薬、鎮痛薬、下剤、睡眠薬、狭心症発作を抑える薬などがある。強い副作用を伴うものもあるため、服用には注意が必要。

な

認知症：何らかの原因で脳の細胞が死んでしまったり、働きが悪くなったりしたためにさまざまな障害が起こり、生活するうえで支障が出ている状態（およそ6ヵ月以上継続）を指す。認知症には多くの種類があるが、代表的なのは「アルツハイマー型」、「脳血管性」、「レビー小体型」、「前頭側頭型（ピック病など）」の4つ。

熱中症：高温環境下で体内の水分や塩分のバランスが崩れて体内の調節機能が障害されることで起こる各種の症状の総称。熱中症患者の約半数が65歳以上の高齢者であるので、高齢者介護の現場では、「隠れ脱水」や「厚着」などに注意することが大切。

ネブライザー：薬液やお湯などを霧状にして鼻や口から吸入するための器具。「肺や気管支の病気を薬で治療する」、「痰を柔らかくする」、「気道を滑らかにする」、「気道の粘膜を保護する」、「呼吸を楽にする」などの目的で用いられる。

脳梗塞：脳の血管が詰まり、その先の組織細胞に栄養が届かなくなって細胞が壊死する病気。梗塞が発生した部位によって、運動機能の低下、言語障害といったさまざまな症状が起こる。

脳出血：脳内の血管が破れて脳の内部に出血した状態を指す。その結果、運動麻痺、意識障害、感覚障害などが起こる。重篤な場合は、脳幹部が圧迫されて死に至る。

は

パーキンソン病：主に40〜50歳以降に

発症し徐々に進行していく神経変性疾患。神経伝達物質の1つであるドーパミンが減少することで起こると考えられている。主な症状は、「手足が震える（振戦）」、「筋肉が硬くなる」、「動きが遅くなる」など。

肺炎：通常は、細菌やウイルスなどの病原微生物により肺が炎症を起こす感染性肺炎（細菌性肺炎、ウイルス性肺炎、真菌性肺炎など）を指すが、薬剤の刺激やアレルギー反応によって起こる非感染性の肺炎もある。肺炎は高齢者の死亡原因の第1位である。

廃用症候群：身体の一部を使わなくなったこと（廃用）によって心身機能が低下した状態を指す。廃用症候群によって生じる症状には、運動器障害（筋萎縮、筋力低下など）、循環器障害（浮腫、褥瘡など）、自律神経障害（尿失禁、大便失禁など）などがある。

白内障：眼の奥に位置する水晶体（焦点を合わせるレンズの役目をする部分）が白く濁る病気。雲がかかったようにぼやけて見えたり、眩しくなったり、像が二重に見えたりする。

発疹：「発疹」の項を参照。

パルスオキシメーター：プローブ（測定用素子）を指先などにつけて脈拍数と動脈血の酸素飽和度（SpO2）を測定する機器。

鼻腔栄養：嚥下障害などの理由で口からの飲食物を摂取できない人や経口摂取では気管から肺に飲食物が入って肺炎になりやすい人に対し、鼻から栄養チューブを胃または腸に挿入して栄養を供給する方法。

ピック病（前頭側頭型認知症）：初老期認知症の代表疾患の1つ。40～50歳代に発症のピークがあり、平均発症年齢は49歳である。特徴的な症状は、自制力低下（粗暴、短絡など）、感情鈍麻、異常行動（浪費、過食・異食、窃盗、徘徊など）。

不整脈：通常は一定間隔である心臓の拍動が何らかの原因によって乱れた状態。拍動のリズムが不規則な状態、拍動が早すぎる状態（頻脈）、遅すぎる状態（徐脈）の3種類がある。体質的なものと、心臓病が関係し治療が必要なものがある。

不眠症：入眠障害、中途覚醒、早朝覚醒などが1ヵ月以上続き、倦怠感、意欲低下、集中力低下、食欲不振などを引き起こす状態。原因は、ストレス、心身の病気、薬の副作用など。

プラセボ：乳糖やでんぷんなどから作られた偽薬のこと。薬効はないが、薬と信じて飲むことで効果が出るケースもあり、これをプラセボ効果と言う。薬を頻繁に飲みたがる認知症高齢者に、家族（介護者）の同意を得て医師が処方することもある。

ペグ（PEG）：「胃ろう術」の項を参照。

ヘモグロビンA1c：「HbA1c」の項を参照。

ヘルニア：臓器や骨などが本来あるべき部位から脱出した状態を指す。代表的なものは、椎間板ヘルニア（椎間板の一部が椎間腔からはみ出した状態）と鼠径ヘルニア（腹膜や腸の一部が鼠径部の筋膜の間から皮膚の下にはみ出した状態）。鼠径ヘルニアは脱腸とも呼ばれる。

発疹：皮膚の表面に現れて、目で見て手で触れることができる病変のこと。局所の刺激によって生じる場合と全身性疾患の部分症状として現れる場合がある。「はっしん」とも言う。

発赤：皮膚や粘膜の一部が充血して赤くなること。直接的な原因は、毛細血管の一時的な充血や拡張。

ま

慢性閉塞性肺疾患：「COPD」の項を参照。

モルヒネ：末期がんなどの強い痛みを緩和するために使われる代表的な鎮痛薬で、オピオイド鎮痛薬の一種。硫酸モルヒネと塩酸モルヒネの２種類がある。

や

抑うつ状態：気分が落ち込んで元気がなくなったり、心身の不調をきたしたりした状態を指す。これは、通常は一過性の状態であり、うつ病とは異なるが、この状態が継続してうつ病に至ることもある。

ら

リウマチ：関節や関節周囲の骨、腱、筋肉などに痛みが起こる疾患の総称で、炎症性自己免疫疾患の一種。関節が腫れて、伸ばしたり曲げたりすることが困難になる。

理学療法：病気、ケガ、加齢などによって運動機能が低下した人に対して、運動、マッサージ、温熱刺激、電気刺激などの物理的手段を用いて運動機能の維持・改善を図る治療法。

リハビリテーション：病気、ケガ、加齢な

どによって障害を負った人が、元どおりの生活または元どおりに近い生活を送るための訓練・治療を行うこと。一般的には、ケガや病気による身体機能の低下から回復させるために施される作業療法や理学療法を指すことが多いが、教育的、職業的、社会的リハビリテーションも重要である。

緑内障：眼圧の上昇などによって視神経が圧迫され、視野が狭くなったり部分的に見えなくなったりする病気。眼圧が正常でも視神経がその圧力に耐えられずに障害が起こるケースもある。

A to Z

AED（Automated External Defibrillator：自動体外式除細動器）：心肺停止者に電気ショック（除細動）を与えるために使う医療機器。厚生労働省のガイドラインに、AEDの設置を推奨する施設として「高齢者のための介護・福祉施設」があげられている。

ALS（Amyotrophic Lateral Sclerosis：筋萎縮性側索硬化症）：脳や末梢神経からの命令を筋肉に伝える運動ニューロン（運動神経細胞）に障害が起こる病気で、手足、喉、舌などの筋肉や呼吸に必要な筋肉が次第に衰えていく。

BP（Blood Pressure：血圧）：「血圧」の項を参照。

BPSD（Behavioral and Psychological Symptoms of Dementia：認知症の行動と心理症状）：認知症に伴う徘徊、不潔行為、異食、妄想といった問題行動や心理症状のこと。

BS（Blood Sugar：血糖値）：「血糖値」の項を参照。

COPD（Chronic Obstructive Pulmonary Disease：慢性閉塞性肺疾患）：気管支や肺胞（肺のなかにあり酸素をとり込む場所）に炎症が起こる病気。「慢性気管支炎」と「肺気腫」を総称する病名。長年の喫煙習慣が原因で発症し、呼吸機能が徐々に低下していく。

CPR（CardioPulmonary Resuscitation：心肺蘇生法）：呼吸停止や心停止またはこれに近い状態に陥っている人に対し、人工呼吸や心臓マッサージなどを通じて救命措置を施すこと。高齢者介護に携わるスタッフはこの訓練を受けておくことが望まれる。

HbA1c（Hemoglobin A1c：ヘモグロビンエーワンシー）：赤血球のタンパクであるヘモグロビン（Hb）とブドウ糖が結合したグリコヘモグロビンの一種で、糖尿病と密接な関係を有するもの。検査日前の1〜2ヵ月間の血糖の状態が推定できるため、HbA1c値は糖尿病の判定指標の1つとして用いられる。

ICU（Intensive Care Unit：集中治療室）：緊急性のある患者や重篤な患者に24時間体制で高度な医療・看護を施すことを目的とした病院内の治療施設のこと。

IVH（Intravenous Hyperalimentation：中心静脈栄養法）：細いカテーテルを心臓近くの上大静脈（中心静脈の1つ）に挿入し、点滴により高カロリー溶液を注入して栄養を供給する方法。手術後や消化器疾患などによって必要な栄養量を経口摂取できない人が対象となる。

MRSA（Methicillin-resistant Staphylococcus aureus：メチシリン耐性黄色ブドウ球菌）：メチシリンという抗生物質に対する耐性を獲得した黄色ブドウ球菌のことだが、実際には、多くの抗生物質に対する耐性（多剤耐性）を示す。院内感染の代表的な起炎菌。感染予防には手洗いや手指消毒が有効。

PEG（Percutaneous Endoscopic Gastrostomy：胃ろう術）：「胃ろう術」の項を参照。PEGはペグと呼ばれている。

VRE（Vancomycin-Resistant Enterococcus：バンコマイシン耐性腸球菌）：バンコマイシンという抗生物質（MRSAの治療に用いられる）に対し耐性を獲得した腸球菌のこと。感染予防には手洗いや手指消毒が有効。

巻末資料

生活相談員業務に役立つ
介護関連の情報・知識

****

デイサービスの生活相談員がサービス利用者やその家族が抱える課題の解決を手助けするには、利用者の心身の状態を十分に把握し、客観的(科学的)な根拠に基づいて適切な改善策を立てなければなりません。そのために、利用者へのサービス提供にかかわる介護、医療、法律などに関する基礎知識を身につけておきましょう。

- ●身体各部の名称……………………………………………………P148
- ●姿勢(体位・肢位)の呼称………………………………………P150
- ●特定高齢者の把握を目的とした厚生労働省の基本チェックリスト……P152
- ●認知症高齢者に関する政府の施策(新オレンジプラン)の要点………P153
- ●介護保険制度改正のポイント……………………………………P155
- ●生活相談員の専従要件を一部緩和するための「厚生労働省・通知」…P157
- ●介護サービス利用者の個人情報保護に関する法令やガイドライン……P158

身体各部の名称

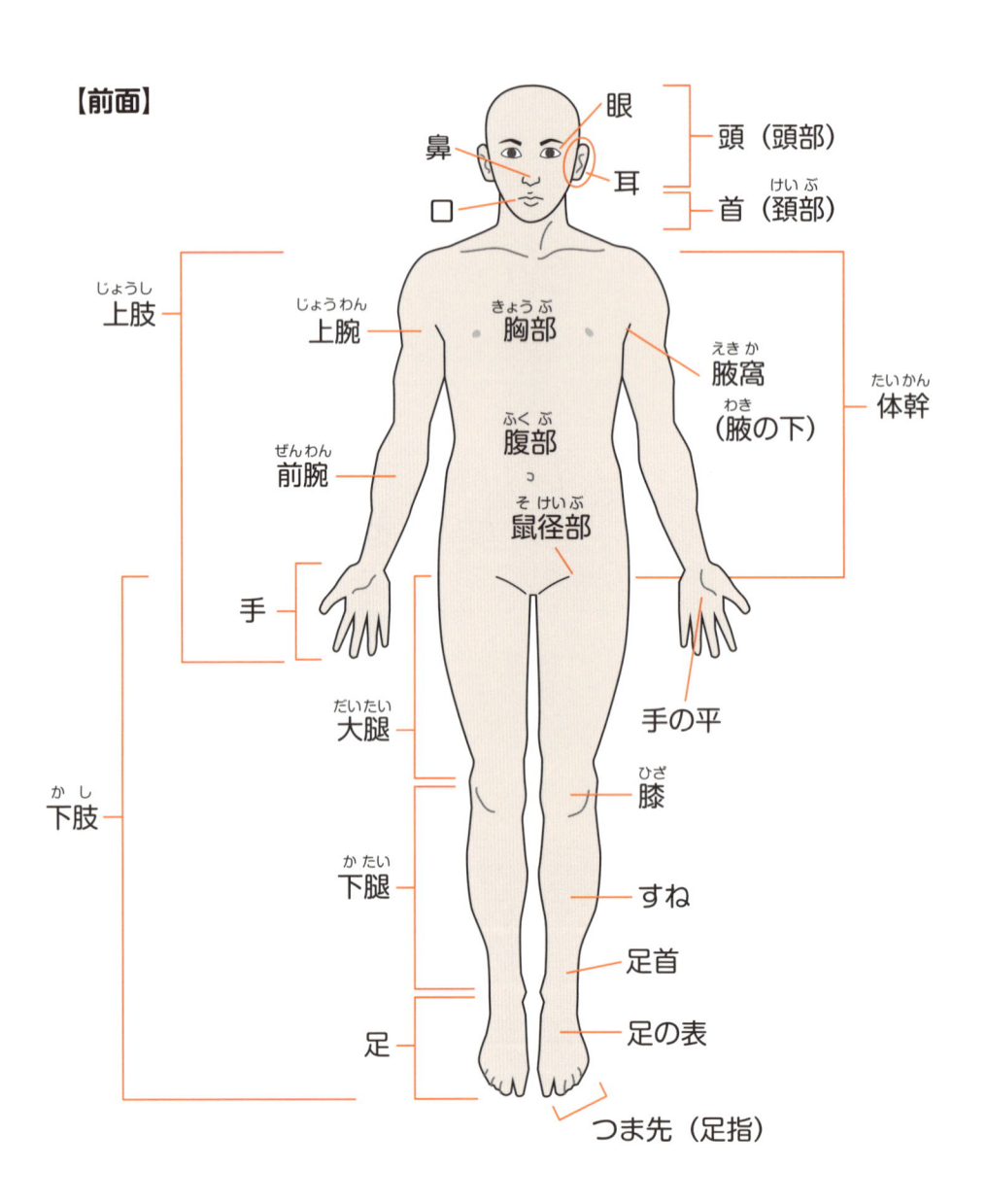

【前面】

- 頭（頭部）: 眼、鼻、耳、口
- 首(けいぶ)（頚部）
- 上肢(じょうし)
- 上腕(じょうわん)
- 胸部(きょうぶ)
- 腋窩(えきか)（腋の下(わきのした)）
- 体幹(たいかん)
- 腹部(ふくぶ)
- 前腕(ぜんわん)
- 鼠径部(そけいぶ)
- 手
- 手の平
- 大腿(だいたい)
- 下肢(かし)
- 膝(ひざ)
- 下腿(かたい)
- すね
- 足首
- 足の表
- 足
- つま先（足指）

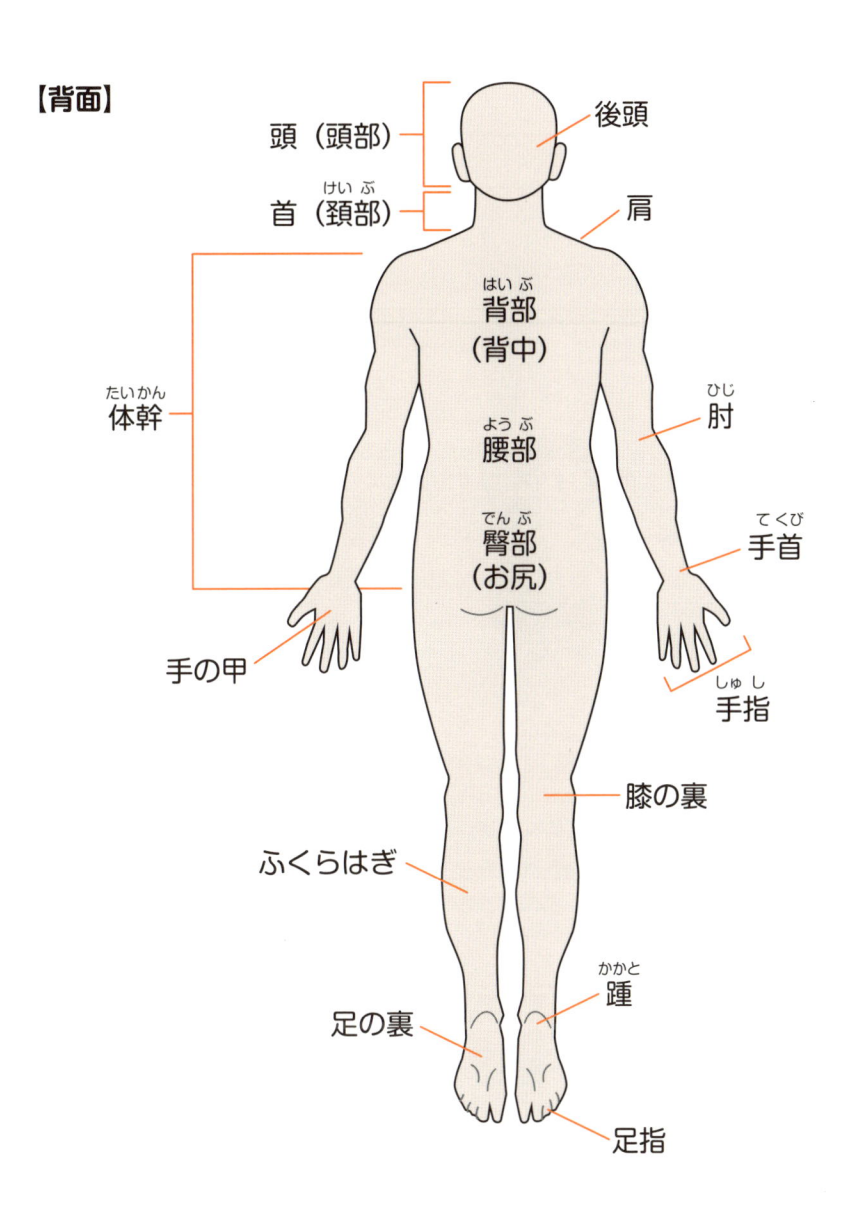

生活相談員業務においては、医師、看護師、療法士などの医療関係者とコミュニケーションをとる機会が多いので、身体各部の専門的な名称をしっかり覚えておきましょう。

【背面】

- 頭（頭部）
- 後頭
- 首（頸部／けいぶ）
- 肩
- 背部（背中）／はいぶ
- 体幹（たいかん）
- 腰部（ようぶ）
- 肘（ひじ）
- 臀部（お尻）／でんぶ
- 手首（てくび）
- 手の甲
- 手指（しゅし）
- 膝の裏
- ふくらはぎ
- 踵（かかと）
- 足の裏
- 足指

姿勢（体位・肢位）の呼称

立位（りつい）
立った姿勢

長座位（ちょうざい）
両足を伸ばした状態で座った姿勢

あぐら座位（ざい）
足を内側に組んで座った姿勢

膝立ち位（ひざたちい）
両膝を曲げて上半身を起こした姿勢

割り（とんび）座位（わざい）
膝を曲げ両足を外側に開いてお尻を床につけた姿勢

正座（せいざ）
両膝を曲げて座った姿勢

ファーラー（半座）位（はんざい）
上半身を45°ほど起こした姿勢

巻末資料　生活相談員業務に役立つ介護関連の情報・知識

介護現場で見られる姿勢にはそれぞれ呼称があります。介護関係者や医療関係者との会話では、以下に示すような専門的な呼称が使われることが多いので、しっかり覚えておきましょう。

椅座位（いざい）
椅子に座った姿勢

端座位（たんざい）
ベッドや台の端に腰かけた姿勢

四つ這い（よばい）
両手・両足を床につけた姿勢

背臥位（仰臥位）（はいがい／ぎょうがい）
仰向けに寝た姿勢

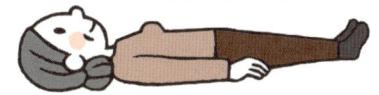

右側臥位（左側臥位）（みぎそくがい／ひだりそくがい）
右／左どちらか横向きに寝ている姿勢

腹臥位（ふくがい）
お腹を下にして寝ている姿勢

◆特定高齢者の把握を目的とした厚生労働省の基本チェックリスト

No.	質問項目	回答（いずれかに○をお付け下さい）		分類
1	バスや電車で1人で外出していますか	0. はい	1. いいえ	
2	日用品の買物をしていますか	0. はい	1. いいえ	
3	預貯金の出し入れをしていますか	0. はい	1. いいえ	
4	友人の家を訪ねていますか	0. はい	1. いいえ	
5	家族や友人の相談にのっていますか	0. はい	1. いいえ	
6	階段を手すりや壁をつたわらずに昇っていますか	0. はい	1. いいえ	運動
7	椅子に座った状態から何もつかまらずに立ち上がっていますか	0. はい	1. いいえ	運動
8	15分位続けて歩いていますか	0. はい	1. いいえ	運動
9	この1年間に転んだことがありますか	1. はい	0. いいえ	運動
10	転倒に対する不安は大きいですか	1. はい	0. いいえ	運動
11	6ヵ月間で2～3kg以上の体重減少がありましたか	1. はい	0. いいえ	栄養
12	身長　　　cm　体重　　　kg（BMI＝　　　）（注）			栄養
13	半年前に比べて固いものが食べにくくなりましたか	1. はい	0. いいえ	口腔
14	お茶や汁物等でむせることがありますか	1. はい	0. いいえ	口腔
15	口の渇きが気になりますか	1. はい	0. いいえ	口腔
16	週に1回以上は外出していますか	0. はい	1. いいえ	閉じこもり
17	昨年と比べて外出の回数が減っていますか	1. はい	0. いいえ	閉じこもり
18	周りの人から「いつも同じ事を聞く」などの物忘れがあると言われますか	1. はい	0. いいえ	認知症
19	自分で電話番号を調べて、電話をかけることをしていますか	0. はい	1. いいえ	認知症
20	今日が何月何日かわからない時がありますか	1. はい	0. いいえ	認知症
21	（ここ2週間）毎日の生活に充実感がない	1. はい	0 いいえ	うつ
22	（ここ2週間）これまで楽しんでやれていたことが楽しめなくなった	1. はい	0. いいえ	うつ
23	（ここ2週間）以前は楽にできていたことが今ではおっくうに感じられる	1. はい	0. いいえ	うつ
24	（ここ2週間）自分が役に立つ人間だと思えない	1. はい	0. いいえ	うつ
25	（ここ2週間）わけもなく疲れたような感じがする	1. はい	0. いいえ	うつ

（注）BMI（＝体重(kg)÷身長(m)÷身長(m)）が18.5未満の場合に該当とする。
出所：厚生労働省「介護予防のための生活機能評価に関するマニュアル（改訂版）」

利用者の心身の状態に関しては、生活相談員が最初のアセスメント時に評価してアセスメント表に記録しますが、その後も状態に変化がないか恒常的に観察する必要があります。

　利用者の心身状態の把握に役立つ資料として、厚生労働省が特定高齢者（要支援・要介護状態となる可能性がある高齢者〈65歳以上〉で介護認定を受けていない人）を把握する目的で作成したチェックリストを左のページに示してあります。

◆認知症高齢者に関する政府の施策（新オレンジプラン）の要点

　2015（平成27）年1月に厚生労働省が公表した資料から認知症施策推進総合戦略（新オレンジプラン）の要点を以下に示します。

新オレンジプランの必要性
・高齢者の約4人に1人が認知症の人またはその予備群。高齢化の進展に伴って認知症の人はさらに増え、2012（平成24）年の462万人（約7人に1人）から2025（平成37）年には約700万人（約5人に1人）に増加すると予想される。
・認知症の人を単に支えられる側と考えるのではなく、認知症の人が認知症とともによりよく生きていくことができるような環境整備が必要である。

新オレンジプランの基本的な考え方
認知症の人の意思が尊重され、できる限り住み慣れた地域のよい環境で自分らしく暮らし続けることができる社会の実現を目指す。

7つの柱
1. 認知症への理解を深めるための普及・啓発の推進
2. 認知症の容態に応じた適時・適切な医療・介護等の提供
3. 若年性認知症施策の強化
4. 認知症の人の介護者への支援
5. 認知症の人を含む高齢者にやさしい地域作りの推進
6. 認知症の予防法、診断法、治療法、リハビリテーションモデル、介護モデル等の研究開発およびその成果の普及の推進
7. 認知症の人やその家族の視点の重視

新オレンジプランで推進する主なポイント

1．医療・介護等の連携による認知症の方への支援
- ○できる限り早い段階からの支援
    - ●医療・介護専門職による認知症初期集中支援チームを、2018（平成30）年度までにすべての市町村に配置（消費税増収分を活用）。
        ※現在は41市町村でモデル的に実施。
    - ●認知症の方の声に応え、2015（平成27）年度から初期段階認知症のニーズ調査を実施。
- ○医療・介護従事者の対応力向上
    - ●かかりつけ医向けの認知症対応力向上研修を、2017（平成29）年度末までに6万人に実施。
        ※現在の受講者目標5万人から引き上げ。
- ○地域における医療・介護等の連携
    - ●連携のコーディネーター（認知症地域支援推進員）を、2018（平成30）年度までにすべての市町村に配置。

2．認知症の予防・治療のための研究開発
- ○効果的な予防法の確立
    - ●2020（平成32）年ころまでに、全国1万人規模の追跡調査を実施。認知症のリスクを高める因子（糖尿病等）やリスクを軽減させる因子（運動等）を明らかにし、効果的な予防法の確立を目指す。
        ※現在は1町で年間2～3千人規模。
- ○認知症の治療法
    - ●各省連携の「脳とこころの健康大国実現プロジェクト」に基づき、2020（平成32）年ころまでに、日本発の認知症根本治療薬の治験開始を目指す。

3．認知症高齢者等にやさしい地域づくり
- ○認知症サポーターの養成
    - ●正しい知識と理解をもって認知症の方・家族を支援する認知症サポーターを、2017（平成29）年度末までに800万人養成。
        ※現在の養成目標600万人から引き上げ。
- ○認知症の方の安全対策
    - ●徘徊等に対応できる見守りネットワークの構築、詐欺など消費者被害の防止等を、省庁横断的に推進。

◆介護保険制度改正のポイント

　2014（平成26）年6月25日公布の『医療介護総合確保推進法』（正式名称は『地域における医療及び介護の総合的な確保を推進するための関係法律の整備等に関する法律』）により大幅改正された介護保険制度の改正ポイントを示しておきます。

　※厚生労働省老健局総務課の『介護保険制度の改正について（平成26年2月公表）』および都道府県の公表資料などを元に作成しました。

地域包括システムの構築

1. **介護サービスの充実**
地域包括ケアシステムの構築に向けて地域包括支援センターの機能を強化し、以下の活動を推進・強化する。
   - 在宅医療・介護連携
   - 認知症施策
   - 地域ケア会議
   - 生活支援サービス
   - 介護予防

2. **介護サービスの重点化・効率化**
   ○介護予防給付（訪問・通所介護）の地域支援事業への移行
   介護保険制度の地域支援事業の枠組みのなかで、介護予防・日常生活支援総合事業を発展的に見直し、要支援者に対する予防給付のうち、訪問介護・通所介護について、市町村が地域の実情に応じて効果的かつ効率的にサービスの提供ができるよう、地域支援事業の形式に見直す。
   ※財政負担割合については改正前と同じ（国：25％、県：12.5％、市町村：12.5％、保険料：50％）。
   ○特別養護老人ホームの新規入所者を、原則、要介護3以上に限定
   - 特養への新規入所者を要介護3以上の高齢者に限定し、在宅での生活が困難な中重度の要介護者を支える施設としての機能に重点化（既入所者については経過措置あり）。
   - ただし、軽度（要介護1・2）の要介護者についても、特養以外での生活が著しく困難であると認められる場合には、市町村の適切な関与の下での特例的な入所を認める。

費用負担の公平化

1. **低所得者の保険料軽減を拡充**
   ○低所得者の保険料の軽減割合を拡大
   - 給付費の5割とは別枠で公費を投入し、低所得の高齢者の保険料の軽減割合を拡大する。

介護保険料が軽減される人と軽減率

	2015年3月末までの保険料	2015年4月以降の保険料
生活保護被保護者、世帯全員が市町村民税非課税の老齢福祉年金受給者等	基準額×50％	基準額×30％
世帯全員が市町村民税非課税かつ本人年金収入等80万円以下等	基準額×50％	基準額×30％
世帯全員が市町村民税非課税かつ本人年金収入等80万円超120万円以下	基準額×75％	基準額×50％
世帯全員が市町村民税非課税かつ本人年金収入120万円超等	基準額×75％	基準額×70％

2. **重点化・効率化（所得や資産のある人の利用者負担の見直し）**
   ○一定以上の所得のある利用者の自己負担の引き上げ
   - 負担割合の引き上げ：これまで一律1割に据え置いている利用者負担について、相対的に負担能力のある一定以上の所得の人の負担割合を2割とする。
     ※一定以上の所得：合計所得金額が160万円以上の人（被保険者の上位約20％）（年金収入で、単身280万円以上、夫婦359万円以上）。
   - 負担上限の引き上げ：医療保険現役並み所得に相当する人について、自己負担限度額（高額介護サービス費）を、「37,200円／月・世帯」から「44,400円／月・世帯」に引き上げ。
     ※医療保険現役並み所得：年金収入383万円以上。
   ○補足給付の見直し（資産等の勘案）
   施設入所等にかかる補足給付について、資産を勘案する等の見直しを行う。
   ※1　預貯金等の勘案
   　　　一定額超の預貯金等がある場合には対象外とする
   　　　（単身：1,000万円超、夫婦：2,000万円超）。

※2　配偶者の所得の勘案
　　　世帯分離されており、配偶者が課税されている場合は、補足給付の対象外。
※3　非課税年金収入の勘案
　　　補足給付の支給段階の判定に当たり、非課税年金（遺族年金および障害年金）も勘案する。

◆生活相談員の専従要件を一部緩和するための「厚生労働省・通知」

　厚生労働省は、生活相談員が必要に応じて事業所外の活動を円滑に行えるよう、「指定居宅サービス等及び指定介護予防サービス等に関する基準について」（平成11年9月17日老企第25号厚生省老人保健福祉局企画課長通知）の生活相談員の配置に関する記述に、下記の解釈（下線部分）を追加して従来の専従要件を一部緩和しました。この変更は2015（平成27）年4月2日に、厚生労働省から全国の自治体に通知されました。
　以下に掲載する下線部分は次の手順で厚生労働省のホームページから閲覧することができます。

厚生労働省ホームページ ⇒「政策について」⇒「分野別の政策一覧」⇒「福祉・介護」⇒「介護・高齢者福祉」⇒「トピック一覧」⇒「平成27年度介護報酬改定について」⇒「介護報酬改定に関する通知」にある「指定居宅サービス等及び指定介護予防サービス等に関する基準について」のなかの、「第三　介護サービス」＞「六　通所介護」＞「1　人員に関する基準」＞「（1）従業員の員数」の④（46ページ）

　なお、指定通所介護事業所が、利用者の地域での暮らしを支えるため、医療機関、他の居宅サービス事業者、地域の住民活動等と連携し、指定通所介護事業所を利用しない日でも利用者の地域生活を支える地域連携の拠点としての機能を展開できるように、生活相談員の確保すべき勤務延時間数には、「サービス担当者会議や地域ケア会議に出席するための時間」、「利用者宅を訪問し、在宅生活の状況を確認した上で、利用者の家族も含めた相談・援助のための時間」、「地域の町内会、自治会、ボランティア団体等と連携し、利用者に必要な生活支援を担ってもらうなどの社会資源の発掘・活用のための時間」など、利用者の地域生活を支える取組のために必要な時間も含めることができる。
　ただし、生活相談員は、利用者の生活の向上を図るため適切な相談・援助等を行う必要があり、これらに支障がない範囲で認められるものである。

◆介護サービス利用者の個人情報保護に関する法令やガイドライン

　介護サービスを提供する事業者と施設の従業員は、介護サービス利用者の個人情報の扱いについて、法律的な責任と社会的な責任の両方を果たす必要があります。介護サービス利用者の個人情報保護に言及している法令やガイドラインを以下に示しておきます。

『指定居宅サービス等の事業の人員、設備及び運営に関する基準』（平成11年厚生省令第37号）

　第三十三条　指定訪問介護事業所の従業者は、正当な理由がなく、その業務上知り得た利用者又はその家族の秘密を漏らしてはならない。
2　指定訪問介護事業者は、当該指定訪問介護事業所の従業者であった者が、正当な理由がなく、その業務上知り得た利用者又はその家族の秘密を漏らすことがないよう、必要な措置を講じなければならない。
3　指定訪問介護事業者は、サービス担当者会議等において、利用者の個人情報を用いる場合は利用者の同意を、利用者の家族の個人情報を用いる場合は当該家族の同意を、あらかじめ文書により得ておかなければならない。

『医療・介護関係事業者における個人情報の適切な取扱いのためのガイドライン』

　これは、2004（平成16）年12月24日に厚生労働省が発表したガイドラインであり、介護関係の事業者がサービス利用者やその家族の個人情報をとり扱う場合の指針となるものです。詳細については、下記アドレスのPDFファイルを参照してください。
　　http://www.mhlw.go.jp/topics/bukyoku/seisaku/kojin/dl/170805-11a.pdf

『「医療・介護関係事業者における個人情報の適切な取扱いのためのガイドライン」に関するQ&A』

　これは、2005（平成17）年3月に厚生労働省が作成したQ&Aの改訂版です。詳細については、下記アドレスのPDFファイルを参照してください。
　　http://www.mhlw.go.jp/topics/bukyoku/seisaku/kojin/dl/170805iryou-kaigoqa.pdf

『個人情報保護法（平成十五年五月三十日法律第五十七号）』
　これは、2003（平成15）年5月に施行され、2009（平成21）年6月に改正された法律で、個人情報の保護に関して定めた法律です。ただし、この法律の対象となるのは、国、地方自治体、公共団体、および個人情報取扱い事業者であり、個人情報取扱い事業者の定義は「個人情報データベース等を事業の用に供している者」となっています。したがって、一般的な介護事業者はこの法律の対象とはなりませんが、この法律の内容は介護サービス利用者の情報保護の参考になります。
　　http://law.e-gov.go.jp/htmldata/H15/H15HO057.html

『介護サービス利用契約書（介護事業者とサービス利用者が交わす契約書）』
　介護事業者は、サービス利用者と、サービス開始前に利用契約を結ぶ必要があります。そして、その契約書には、必ず、「秘密保持」の条項が含まれており、介護事業者はその条項を遵守しなければなりません。次に示すのは、介護サービスの利用契約書に盛り込まれる「機密保持」の条項の記載例です。
　※この条項の乙は介護事業者を、甲はサービス利用者を指しています。

第○○条（秘密保持）
1. 乙および乙の職員は、正当な理由がない限り、業務上知り得た甲または甲の家族の秘密を、第三者に漏らしません。
2. 乙は、甲の個人情報を用いる場合は文書で甲の同意を得ない限り、また甲の家族の個人情報を用いる場合は文書で該当する甲の家族の同意を得ない限り、サービス担当者会議等において、甲または甲の家族の個人情報を用いません。
3. 乙は、乙の職員が退職した場合には、当該職員が在職中に知り得た甲または甲の家族の秘密を漏らさないように必要な措置を講じます。
4. 上記3項は、この利用契約の終了後も有効とします。

[著者プロフィール]

浅岡雅子（あさおか・まさこ）

1953年、東京都生まれ。早稲田大学教育学部（教育心理学）卒業。企業に勤務したのち、フリーランスのライター・編集者となる。先端技術の解説記事、探訪記事など、多様な執筆を経験したのち、1993年からは医学系ライターとして大学病院の専門医を中心に300名以上の医療関係者に取材を行い医療専門誌や一般誌に多数の記事を執筆。2004年から介護分野や高齢者医療の取材・執筆も行なっている。著書に『現場で使える 介護記録便利帖〈書き方・文例集〉』（翔泳社）がある。

装　丁	原てるみ、野呂 翠（mill design studio）
カバーイラスト	江田ななえ　http://nanae.or.tv
本文イラスト	フクモトミホ
本文DTP	平野直子（株式会社 デザインキューブ）

Special Thanks ！
取材にご協力いただいた、
特別養護老人ホーム・みどりの風の奈佐宗男さんと、
ケアマネジャーの寺田清香さん、ありがとうございました。

現場で使える デイサービス生活相談員便利帖

2015年 7月 2日　初版第1刷発行
2024年 6月25日　初版第6刷発行

著　　者	浅岡 雅子
発行人	佐々木 幹夫
発行所	株式会社 翔泳社（https://www.shoeisha.co.jp）
印刷・製本	株式会社 加藤文明社印刷所

©2015 Masako Asaoka

本書は著作権法上の保護を受けています。本書の一部または全部について（ソフトウェアおよびプログラムを含む）、株式会社 翔泳社から文書による快諾を得ずに、いかなる方法においても無断で複写、複製することは禁じられています。

本書へのお問い合わせについては、002ページに記載の内容をお読みください。

造本には細心の注意を払っておりますが、万一、乱丁（ページの順序違い）や落丁（ページの抜け）がございましたら、お取り替えいたします。03-5362-3705までご連絡ください。

ISBN978-4-7981-4107-7　　　　　　　　　　　Printed in Japan